曾 博 著

资本下乡

工商资本投资农业纵向协作研究

CAPITAL GOING TO THE COUNTRYSIDE

The Research on Vertical Cooperation of Industrial and
Commercial Capital Investment in Agriculture

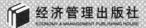

经济管理出版社

ECONOMY & MANAGEMENT PUBLISHING HOUSE

图书在版编目（CIP）数据

资本下乡：工商资本投资农业纵向协作研究/曾博著．—北京：经济管理出版社，2022.1

ISBN 978 - 7 - 5096 - 8307 - 1

Ⅰ.①资…　Ⅱ.①曾…　Ⅲ.①商业资本—农业投资—研究—中国　Ⅳ.①F323.9

中国版本图书馆 CIP 数据核字（2022）第 022292 号

组稿编辑：王光艳
责任编辑：丁光尧
责任印制：黄章平
责任校对：王淑卿

出版发行：经济管理出版社
　　　　　（北京市海淀区北蜂窝 8 号中雅大厦 A 座 11 层　100038）
网　　　址：www. E - mp. com. cn
电　　　话：（010）51915602
印　　　刷：北京晨旭印刷厂
经　　　销：新华书店
开　　　本：720mm × 1000mm/16
印　　　张：12.5
字　　　数：176 千字
版　　　次：2021 年 1 月第 1 版　　2021 年 1 月第 1 次印刷
书　　　号：ISBN 978 - 7 - 5096 - 8307 - 1
定　　　价：68.00 元

序

徐旭初[1]

在农业农村现代化进程中，产业振兴是乡村振兴的首要问题，而围绕产业振兴，工商资本投资农业是一个无法回避的关键问题。曾博博士的专著《资本下乡——工商资本投资农业纵向协作研究》就是一部聚焦此关键问题的优秀新作。

近年来，随着农业产业化、市场化、现代化的不断深化，工商资本投资农业势在必行、已成现实。工商资本投资农业，通常路径一是自营，二是纵向协作，而农业产业特性决定了纵向协作必然是较自营更为普遍的形式。

所谓工商资本投资农业纵向协作，正如此书所言，是"工商企业与农户、农民专业合作社等主体从没有稳定农资供应商和农产品目标客户的市场纯粹买卖行为，转变到与农业产业链上下游协作主体通过签订农资采购合同或农产品销售契约，开展长期合作伙伴关系的各种联结方式"。可以认为，农业产业中特殊的交易特性是农业产业中纵向协作的内在动因。

农业产业中纵向协作，一方面受农业产业自身的关键特征的制约，如自然再生产和社会再生产并存，供应商的特殊性和消费的不确定性、敏感性、个性的并存，市场不确定性和市场力量不均衡，农产品供应链

---

① 管理学博士，浙江大学中国农村发展研究院教授，浙江大学中国农民合作组织研究中心主任，博士生导师。

对物流的要求较高，等等。另一方面还符合纵向协作的基本特征，一是协作方并非是内部一体化的，而是不同经营主体；二是并非单纯市场买卖行为，而是合约关系；三是并非暂时性的，而是相对稳定的、长期的。因此，农业产业纵向协作（工商资本投资农业即为主要形式）的实质是合约治理。

从合约视角看，工商资本投资农业纵向协作中较理想的合约状态，应具有合宜性（即对于各缔约方都是帕累托改进的，虽然未必是长期均衡的）、稳定性（内核则是合意性，交易只有各方合意的才是稳定的）以及发展性（即合约应能适应情势动态发展，是"合意的偏利共生"甚至"连续互惠共生"的）。

普遍认为，无论未来主导的具体经营形式如何，中国农业的发展模式都不再是传统的以家庭承包为主的单一经营模式。新型农业经营模式及其运行必将涉及新型农业经营主体（包括工商资本）与农户之间关于农业经营合约（包括农地租赁、农事经营及农业服务合约）的缔结，这些合约能否成功缔结并在经营过程中保持稳定无疑是新型农业经营模式能否顺利推进的关键。然而，在农业经营实践中，经常面临合约执行期间缔约方违约治理难题，其中小农户违约较多。面对合约不稳定问题，投资农业的工商资本如何应对以确保其经营的维系就成为有待深入探讨的重要议题。应该看到，农业经营合约的选择固然重要，但是，合约的稳定更加倚重合约执行时的治理机制。

在此书中，笔者聚焦于如何实现工商资本投资农业过程中协作主体之间利益均衡和长期稳定协作，通过构建演化博弈模型，揭示了合作收益分配与纵向协作紧密程度之间的内在逻辑关系；还通过构建声誉模型，实证分析了工商资本投资农业纵向协作的收益效应及其影响机理。目前在我国国内关于农业产业纵向协作的研究中，相对缺乏对工商资本投资农业协作主体利益诉求的综合考虑，且纵向协作程度与协作主体收益效应的相关性研究也较少；对如何发展长期稳定的纵向协作关系也相对缺乏有阐释力的分析；较多从交易费用降低的角度进行分析，较少运用博弈论方法开展研究。因此，该研究的演化博弈视角和声誉视角在相关研究中具有一定的创新性，而且相关研究结论也具有显著的启发性。

行文于此，还可以指出，在今后有关工商资本投资农业纵向协作的研究中，或许还有几点值得加以深入探讨：

其一，要注意考察不同农业产业性状下工商资本投资农业纵向协作的合约设计和治理问题。在工商资本投资农业纵向协作中，由于不同的交易关系在投机行为、资产专用性和交易频率上不完全一致，往往出于"制度溢价"而驱使匹配适应性治理策略。譬如，短期非合约关系、与选择性伙伴的长期非合约关系具有低资产专用性和相对较低交易频率，合作破裂造成的成本相对较小，因此无须采取安全措施抑制投机行为发生，在市场上进行交易优于组织化行为；而以正式书面合约为基础的关系具有一定的资产专用性水平，需要通过合约附带"惩罚性"措施改变双方的收益，形成稳定的合作均衡，因此需要契约治理。

其二，要注意考察不同规模的工商资本投资农业纵向协作的合约设计和治理问题。该书中提到的温氏集团、正大集团、鸿源集团都是大型工商资本，实际上投资农业的工商资本大多数是中小企业。因此需要注意，工商资本及其投资农业的异质性（特别是规模异质性）会显著影响其资产专用性、交易频率和投机行为，也影响其与相关协作主体之间的市场地位，进而影响纵向协作过程及绩效。

其三，要注意考察数字经济背景下电商企业进入农业所带来的影响和变化。随着数字经济在农业农村经济中日益渗透和发展，农产品电商的核心竞争力之争不再仅仅是数字技术赋能供应链前端所带来的获客优势之争，更是对农产品前端的把控之争。因此可以预见，当农产品电商发展渐成趋势，众多电商企业将抢抓风口，纷纷进军农产品电商供应链前端，优质农产品以及农产品"头部"生产经营主体也将在这一趋势中迅速地被各类电商企业挖掘、对接和网罗。此外，数字化农业基地建设和电商基地直采将成为农产品电商发展的现实趋势，这也标志着电商企业正迈入对农业产业进行全链路数字化赋能的新阶段。

其四，或许也是最重要的，就是要高度重视考察小农与工商资本在农业纵向协作中的共生关系。在农业纵向协作中，工商资本基于销售渠道及其他优势资源的把控，在与小农的互构演进中容易形成小农户的"套牢（lock - in）"状态，这种合作关系是基于资源要素优势而形成的"强制协作发展"。因此,从农民利益立场计,要通过组织化实现小农户与现代农业发展有机衔接,必须努力实现从"偏利共生"走向"合意的偏利共生"甚至"连续互惠共生",即通过产权共享动力机制、合意利益分配机制及持续共生经营机制实现产业链之间的动态共进演化,并且实现小农户利益维护和可持续内生发展。

阅读此书,欣喜之余,是以为序。

前　言

在乡村振兴背景下，产业兴旺是其首要内容。工商资本投资农业，参与乡村振兴，可以有效带动现代生产要素与农村土地等生产要素的重新配置，以规模化、集约化、企业化方式拓展农业产业链，有利于提高农业生产效率和要素配置效率。

现实中，工商资本投资农业一般是通过与拥有农业用地（以下简称农地）资源的农民专业合作社或农户开展纵向协作实现的。得益于政策和制度调整的边际激励，近年来我国农民专业合作社、家庭农场等新型农业经营主体的数量快速增长，规模也不断扩大，农业由"小生产"向"大生产"转变的步伐逐渐加快，农业产业链纵向协作的紧密程度有了一定的提高。然而，本书研究发现，在工商资本投资农业开展纵向协作的过程中，纵向协作激励的有效性不足、协作约束力薄弱、协作关系松散等制约，导致纵向协作模式深化发展过程缓慢，协作主体仅实现了有限的帕累托改进，陷入了收益共享的困境。造成这些问题的因素有很多，但究其根源是农业纵向协作的各参与主体资源禀赋不同，由于利益联结机制的不完善，无法实现协作主体对合作收益合理分配的价值诉求，换言之，核心问题是无法实现合意合宜的利益联结。

基于此，本书通过回溯工商资本投资农业阶段性沿革，梳理工商资本投资农业纵向协作模式的类型及演化机理，尝试从理论上重构工商资本投资农业纵向协作实现逻辑和收益效应的分析框架，并基于我国相关监测调研数据，实证分析影响工商资本投资农业纵向协作长期稳定关系的因素，揭示合作收益分配与纵向协作紧密程度之间的内在逻辑关系，以期为工商资本投资农业协作主体，建立和维护程度更紧密的纵向协作关系提供一定的理论和实践依据。

本书研究发现：第一，工商企业、农户和农民专业合作社等主体以组织化或契约化的形式建立纵向协作，为了降低市场交易费用、规避交易过程中的机会主义行为，工商企业用要素契约代替了商品契约，通过农民专业合作社这一中介组织对市场的替代实现了企业边界的扩张。随着契约理论的发展，商品契约的内涵逐渐扩展，出现了关系契约。基于信任和声誉的关系契约实现了协作主体之间利益联结的紧密性，协作关系逐渐从工具性与人际性的维度向价值性与制度性的维度演变，维护了协作链条间关系的稳定性和规范化，纵向协作程度进一步加深。第二，工商资本投资农业的过程中，工商企业与农户对合作收益的合理分配均存在强烈诉求，只有保证各主体参与协作时均获得高于不参与协作时的收益，使得双方均能从中受益，实现帕累托改进，才能激发主体持续深入协作的积极性。一方面，合作收益的公平分配使得演化博弈模型中的协作区域面积增大，能够提高工商企业与农户间开展纵向协作的概率；另一方面，工商企业与农户间合作收益的公平分配能够产生显著的声誉效应，促进纵向协作主体声誉资本的积累，从而有助于协作主体对合作保持足够的耐心，增加彼此的信任，降低贴现率，进而激励协作主体建立纵向协作程度更高的协作模式。第三，纵向协作程度越高，协作模式的合作收益越高，提高工商资本投资农业的纵向协作程度有助于提高参与主体的合作收益。以分工协作程度提高和人力资本能力提升为目的的纵向演化，优化了生产要素资源配置结构，提高了农户增收能力；以交易费用降低为目的的纵向演化，提升了纵向协作关系治理的有效性，规避了市场风险和道德风险，提高了协作主体的合作收益。实施品牌化战略、农场主参与技能培训、农场主受教育程度较高的家庭农场，参与纵向协作更能有效提高家庭农场的合作收益。

目　录

第一章
绪 论

第一节　研究背景和意义

一、研究背景

　　党的十九大报告对"三农"问题赋予了新的寓意内涵，首度提出实施乡村振兴战略。乡村振兴战略作为七大战略之一，明确了产业兴旺、生态宜居、乡风文明、治理有效、生活富裕的总要求，是决胜全面建成小康社会、全面建设社会主义现代化强国的一项重大战略任务。乡村振兴战略明确指出，产业兴旺是重点，构建现代农业产业体系、生产体系、经营体系，实现农村一二三产业深度融合发展，有利于推动农业从增产导向转向提质导向，增强我国农业创新力和竞争力，为建设现代化经济体系奠定坚实基础①。产业兴旺要求形成新型农业经营主体参与、现代生产要素集聚、多业态复合型产业融合发展、纵向协作模式协同推进的产业发展新格局，其不仅是在我国农业资源环境约束条件下应对主

---

① 参见中共中央、国务院 2018 年 9 月 26 日印发的《乡村振兴战略规划（2018—2022 年）》。

要矛盾转变的战略考量，还是农业供给侧结构性改革和农业经济高质量发展的目标所在。产业兴旺的内涵丰富而多样，在产业结构优化、产业组织发展和产业功能实现等方面具有多维度的发展空间。拓展农业产业链向产前、产后环节延伸，打造优势农产品从消费需求信息获取到生产服务化、从科技研发到实践推广、从生产环节到加工环节、从物流仓储到经营销售，获得全链条增值收益是产业结构优化的重要价值诉求。现阶段，提高农业产业链条的关联性、协同性、紧密性，优化有限的农业资源要素配置，提升农业综合产业效能，是破解农业"大而不强、多而不优"问题的一种有效途径。

在农业与农村发展的过程中，资本稀缺是主要的要素禀赋特征之一。随着诸如生态农业、绿色食品、有机农业、体验式农业、创意农业等多功能农业概念的拓展和农产品市场需求的升级，我国农业潜在的投资回报率逐年提高，为工商资本投资农业高附加值领域提供了获利空间，现代农业领域成为工商资本投资的目标。工商资本投资农业是城市工商业者在国家政策的引导和利润的驱动下，以资本形式注入农村，使城市资金、技术、人才等现代生产要素与农村土地等生产要素相结合，以规模化、集约化、企业化方式参与农业生产各环节和农业产业各链条，以提高农业生产效率的现代农业生产经营活动。工商资本和新的生产要素进入现代农业补偿了资本投入的不足，成为联结小农户与大市场的中介。不可否认的是，工商资本对传统农业的改造是实现我国农业现代化发展的重要变量之一，外部资本进入农村从事农业生产经营活动也是实现我国农业农村走向现代化发展的一种可供选择的方案。根据交易费用等理论，在工商资本投资农业过程中，纵向协作能够有效降低交易费用，纵向协作程度应向更为紧密的模式发展。然而，工商资本投资农业发展了近30年，紧密型纵向协作模式并没有占据主导地位，基于实践和案例的研究还发现，纵向协作程度不高主要是因为工商企业、农户与农民专业合作社等协作主体纵向协作关系松散、协作激励的有效性不足、协作主体之间帕累托改进有限，陷入了收益共享困境。长期稳定的协作关系是建立在各协作主体充分了解、彼此信任、长期合作的基础上的，越紧密的协作关系越能够保障协作主体的利益。随着我国经济社会的发展，农业将面临更为复杂的外部环境，在提高农民组织化程度的基础上顺利与工商企业开展程度更高的协作仍然值得深入研究。

当前，我国农业领域存在的主要矛盾有农产品供给的数量和质量不平衡与农业的质量发展不充分之间的矛盾、农业生产的规模和效益不平衡与农业的效益实现不充分之间的矛盾、农业生产和生态功能不平衡与农业生态功能发挥不充分之间的矛盾、农业两个市场和两种资源利用不平衡与农业国际市场和资源作用发挥不充分之间的矛盾、农业各类经营主体发展不平衡与小农户分享农业现代化成果不充分之间的矛盾①。共享发展是破解农村发展难题、突破城乡二元体制、厚植农村发展优势的必然选择。"共享"是一个普遍性的标准，在共享的基础上继续解放生产力和发展生产力，创造更多的社会财富，并且使它们真正惠及全体人民，我们才能实现共同富裕，没有共享发展何谈共同富裕。农民作为乡村振兴的主体，是乡村振兴的受益者，只有调动亿万农民群众的积极性、主动性和创造性，把维护农民群众根本利益、促进农民共同富裕作为出发点和落脚点，让农民在现代农业发展中有获得感、幸福感、安全感，才能真正实现乡村振兴②。工商资本投资农业的过程中，工商企业与农户以组织化或契约化的形式建立纵向协作关系，并在频繁交易与重复博弈中深化协作关系，两者之间的协作关系逐渐从工具性与人际性的维度向价值性与制度性的维度演变，协作关系的建立可以维护协作链条间关系的稳定性和规范化，增加合作收益，进而实现帕累托改进。然而，完全的自由竞争很难达成对农民这一弱势群体的公平，这就需要在实现风险与收益对等、贡献率与回报率基本对等，保证参与性约束和激励相容原则上，完善制度安排。我国已进入社会结构深刻变革时期，通过全面深化改革解决城乡之间发展不平衡、收入分配差距问题需要建立更加合理的收益共享制度，保证全体人民群众在发展中更有获得感，让广大农民共享改革红利。

---

① 韩长赋. 乡村振兴战略：新时代农业农村经济工作的总抓手［N/OL］. 经济日报，https：//baijiahao. baidu. com/s? id = 1588126240165795764，2017 - 12 - 29.

② 参见 2018 年 1 月 2 日发布的《中共中央　国务院关于实施乡村振兴战略的意见》。

二、研究意义

1. 理论意义

首先，本书拓展了纵向协作理论的适用范围。工商资本投资农业纵向协作理论的研究明显滞后于实践发展，紧密型协作关系的建立缺乏理论的有效支持和引导，理论的缺乏抑制了行为主体开展纵向协作的积极性。同时，阐释了合作收益与纵向协作程度、契约激励的有效性与纵向协作深化的关系，为工商资本投资农业纵向协作关系的长期稳定开展奠定了理论基础。

其次，本书完善了农业产业组织相关理论。工商资本投资农业过程中，工商企业、农民专业合作社和农户等协作主体基于不同的商品契约、要素契约和关系契约等形成了不同的产业组织形态。受农业生产自然风险、市场交易风险等影响，工商资本投资农业纵向协作中存在缔结契约的不完全性和相关经营主体的有限理性，机会主义行为频发，这是合作过程中协作关系松散的结果，究其根源是由于利益联结机制的不完善，无法实现协作主体对合作收益合理分配的价值诉求，换言之，核心问题是无法实现合意合宜的利益联结。本书尝试从理论上重构工商资本投资农业纵向协作实现逻辑和收益效应的分析框架，为我国构建新型农业经营体系提供思路。

最后，本书深化了工商资本投资农业纵向协作程度与合作收益关系的研究。按照纵向协作程度的不同，将工商资本投资农业纵向协作程度细分为三种模式，并在统一模型框架下，比较了三种模式下参与主体的合作收益和总收益。在分析纵向协作演化趋势的基础上，进一步探讨了纵向协作程度与合作收益之间的逻辑关系，为工商资本投资农业开展纵向协作的模式选择提供了理论依据。

2. 现实意义

对工商资本投资农业纵向协作的研究，一方面，可以有效实现农民增收。工商资本投资农业，参与乡村振兴，可以有效带动现代生产要素与农村土地等生产要素重新配置，以规模化、集约化、企业化方式拓展农业产业链，有利于提高农业生产效率和要素配置效率。工商资本和新的生产要素进入现代农业补偿了资本投入的不足，成为联结小农户与大市场的中介，工商资本投资农业开展纵向协作，协作关系越紧密，越能够提高农户自身发展能力，进而提高农户合作收益，从而有效实现增收。另一方面，能够增强农产品市场竞争力。提高工商资本投资农业纵向协作紧密程度，微观上可增加农民收入，宏观上则关系到农业整体产业链竞争能力的提升，对工商资本投资农业开展纵向协作的研究可以帮助协作主体建立长期稳定的纵向协作关系，优化资源要素配置，提升农业综合效能，从而增强我国农产品国际竞争力。

第二节 国内外相关研究述评

本书主题为乡村振兴背景下工商资本投资农业纵向协作研究，围绕这一主题，收集、整理和阅读了大量国内外相关研究资料，其中一些成果对写作思路的形成起到了极大的启发作用，为本书的撰写奠定了坚实的基础。

一、国外研究现状

1. 马克思主义经济学经典著作的论述

马克思和恩格斯预见性地洞察了工商资本进入农业的动因及其对农业产生的影响。马克思和恩格斯发现了工业资本为追逐利润随着资本主义大生产方式进入农业经济活动的客观存在，指出追求利润和扩大产品销路的需要促使农业资本家使用机器，改良农业，实行集约化经营和规模经营，从而促进了农业生产力的大发展。他们认为，资本主义大生产方式进入农业完全改变了小农经济的生产方式，其对小农经济改造的进步性，是一次完整的革命。"在农业领域内，就消灭旧社会的堡垒——农民，并代之以雇佣工人来说，大工业起了最革命的作用。""最墨守成规和最不合理的经营，被科学在工艺上的自觉应用代替了。"资本主义生产方式固然割断农业和制造业的小农家庭纽带，但又以农业和工业独立发展为基础，为农业与工业在更高级形态上的联合创造了物质条件。

列宁认识到小农生产方式的落后性，重视资本进入农业对小农的改造，认为小农生产者应走向社会化大生产。列宁在社会主义改造过程中遇到了社会化大农业生产与农业公有制对接的阻力，一下子就把数量很多的小农户变成大农庄是办不到的，要在短期内一下子把一直分散经营的农业变成公共经济，使之具有全国性大生产的形式，由全体劳动人民普遍、同等地履行劳动义务，同等、公平地享用劳动产品，要一下子做到这一点，当然是不可能的。他认识到发展社会化大生产农业是一个长期而又艰巨的历史任务，所以调整了农业政策，不摧毁旧的社会经济结构——商业、小经济、小企业、资本主义，而是活跃商业、小经济、小企业、资本主义，审慎地逐渐地掌握它们。列宁逐步认识到资本在农业中的作用，从最初把"经商农民"定义为"工人阶级的敌人"和"剥削者"到后来赋予农民税后余粮"自由流通权"，肯定了货币媒介和商业的作用，并在经济利益分配中注重对农民利益的保护。

考茨基在《土地问题》一书中提出，资本进入农业将引起生产形态的变革。在《土地问题》一书中，考茨基预见性地提出落后的小农经济要么被资本主义现代大生产方式取代，要么被社会主义生产方式改造，其主张社会主义生产方式对小农经济进行改造。书中这样写道："资本是否把握住农村经济，假如把握住，那么是怎样把握；资本在农村是否产生过一种变革，是否捣坏旧的生产形态，是否引出新的生产形态。""资本主义的租佃制令土地出租给农业经营者，租地农业经营者形成农业企业家阶层，这为农业企业家把必需的资本投入到农业经济活动中去开辟了一条途径。"他还提出，农业中大生产与小生产的区别不在于土地面积的大小，而在于集约化程度和资本有机构成的高低。

2. 西方经济学研究的探索

资源优化配置理论认为，市场经济条件下，由价值规律自动调节供需双方的资源分布，实现对全社会有限资源的合理配置。西方经济学者在讨论农业与非农业关系时，将两者关系的变化看作是将有限资源进行合理优化配置的结果，农业与非农业之间的资本流动则被看作是为实现经济利益最大化，经济活动主体理性选择的结果。

魁奈在《租地农场论》《赋税论》等著作中指出，大农经营租地农场的"元本"来自工商业。魁奈肯定了大农经营租地农场的优势，倡导应将分散的土地集中经营，大力发展租地农场。由于租地农场需要支付大额"元本"，且回收期较长，其指出只有部分"发现'马耕地'利益的聪明人""能支付得起'原预付'和'年预付'的富裕人""依靠智慧和财富进行经营管理的企业家"能成为农场主。魁奈进一步指出，"元本"集中在大都市，农村中是缺乏的。推动社会各种机关建立一般秩序的政府，必须发现适当的方策，使这些资金自然地流入农业部门，以使它们对个人更有利、对国家更有益。他认为，在有广阔可耕地和便于在本国进行农产品大商业的国家，不应把货币（资金）和人口过多地用在制造业和奢侈品商业上，而妨碍农业上的劳动和支出。魁奈还认为，大农经营的农场主并非都是从农业内部发展起来的，可能更多的是城市富裕的工商企业家，"元本"（资本）包含大量依靠经营城市工商业赚取的资本。

亚当·斯密认为，资本在农业与非农业之间流动是"理性经济人"理性判断的结果。现代资本主义经济制度的创立者、"经济学之父"亚当·斯密强调自由市场、自由贸易以及劳动分工，其经济理论基础是"理性经济人"，他认为在一个自由社会，"理性经济人"按照获取最大利益原则在不同用途之间配置资源要素，按照这一逻辑，人们在不同部门之间配置资本和劳动等资源要素，以获得资本利润和劳动工资。按照当时的情形，在一些欧洲国家，人们并没有将生产要素优先安排在农业部门，但是在美洲"购置和改良未耕地，无论是对最小的资本还是对最大的资本来说，是最有利的使用方法"。他提出，"理性经济人"会对资源要素配置进行理性判断，市场会使资本和劳动在农业（农村）和其他产业（城市）之间的使用比例达到社会所要求的自然平衡，都市（产业）方面利润的减低，势必使资本流向农村，农村劳动有了新需求，劳动的工资必然增高，资本这样就散布于地面上，而且由于在农业方面使用，资本便部分地回到农村来，资本的大部分本来是以农村为牺牲而在都市中累积的，其也看到，欧洲各国农村最大的改良，都是都市本来所累积的资本流回农村的结果。亚当·斯密肯定了工商资本进入农业部门对农业发展的影响。

3. 国外经济学研究的探索启示

国外经典作家有的探讨非农产业大生产方式对农业的革新，有的探讨资本在产业间的流动，还有的探讨工商富余资本对农业的积极影响，虽然视角立场不同，但仍给现代农业发展以启示和借鉴（郑炎成、陈文科和张俊飚，2018）。首先，资本从非农业部门转移到农业部门是具有合理性的，学者们肯定了工商资本对农业生产方式革新和现代农业的促进作用；其次，无论是资本主义私有制国家还是社会主义公有制国家，都无法越过现代农业集约式生产方式对小农生产方式的升级改造，农业革新受到非农业部门的影响；最后，随着传统农业向现代农业转型升级，生产要素在农业的集聚重组不可避免，包括工商企业资本在内的非农资本的力量不容忽视。

二、国内研究现状

我们常说的工商资本泛指制造业、建筑业、采矿业、商贸流通业、房地产业、金融业等领域内的生产经营资本。工商企业通过外商投资、农业产业化经营、农民工返乡创业等形式投资农业，其本质是生产要素在产业间的重新配置，进一步说是资本要素在农业与工商业间的要素配置关系的变化。工商企业的投资对现代农业的可持续发展具有重要促进作用，这种作用体现在投资不仅有效地促进了物质资本积累，还将改变其他生产要素资源配置的数量和质量。在生产要素配置关系变化过程中，资本的逐利本性使得其成为最活跃的生产要素，本着利润最大化原则主动寻求与其他生产要素的最优组合。国家处于不同的经济发展阶段，资本要素在产业间流动的方向不尽相同，工业化中期，工商业从农业部门分离出来成为新兴独立产业时，农业向非农新兴产业输出大量资本积累。到了工业化后期，非农产业的工商资本积累则成为现代农业发展的主要资本来源。

1. 工商资本投资农业可行性的理论阐释

工商资本投资农业的可行性是早期引入工商资本投资时首要解决的理论问题（华中理工大学经济发展研究中心课题组，1997）。国内一些农业经济学者运用农业产业化、要素配置、规模经济等理论进行了阐释。

（1）农业产业化理论阐释。该理论认为，农业产业化发展到一定阶段时有必要引导一些具备技术、人才、资金条件的工商企业进入农业一体化体系，深度参与农业资源开发、技术研发和农产品市场拓展，以工商企业带动分散小农，形成生产销售一体化，从而提高农业运行效率（杜鹰和关锐捷，1996）。乡村振兴战略内涵中"产业兴旺"目标的实现，需要建立在小农户深度参与现代农业发展的基础上（陈婧和刘洁，2020）。汪杰贵（2017）指出，工商资本进入农地流转，通过与农村土地等生产要素的优化组合，专业化、规模化、企业化的生产管理方式形成了产供销、种养加工一体化经营体系，不仅推动了农业科学技术更新换代，加速了传统农业向现代农业的转变，还促进了农业现代经营方式和产业组织形式的发展。赵祥云和赵晓峰（2016）研究认为，工商资本投资农业产前、产后领域，培养和延伸了农业产业链条，增加了农业附加值，为农产品拓宽了销售渠道，拓展了农产品市场。曹俊杰（2018）认为，资本下乡投资农业产业链的产前、产中、产后各环节，实行农业企业经营管理，可有效促进农村三产融合发展和提高农户组织化程度，促使农村形成新的社会经济结构。由此，农业产业一体化被视为工商资本投资农业可行性的一个重要原因，事实上，我们也看到了工商资本的介入成功地联结了小农户与大市场。

（2）要素配置理论阐释。改革开放以来，我国农业部门对非农部门长期的资本净流出，使得农业资本与农业劳动力要素关系高度扭曲，严重制约了农业生产力的提高，资本稀缺是农业要素禀赋特征需要克服的因素之一。此外，该理论认为，农业资本市场天然存在着"市场失灵"，即农业投资回报率低，对资本的吸引力有限，其单凭市场化机制难以弥补资本投入的严重不足。要想突破低效率的资源配置，实现农业结构升级，必须引入资本，而工商资本投资农业则是可供选择的方案之一（贾晋、艾进和王钰，2009）。刘铮和王春雨（2017）认为，加快推进现代农业发展，升级农村现有的生产要素结构，增加农业的资本投入是必要途径。李云新和王晓璇（2016）认为，传统农业要想焕发生机，提高农业产值和附加值，必须引进资本要素，资本要素与附着于土地之上的各项要素相融合促使农业效益可得性显著增强。从要素配置理论看，工商资本投资农业的可行性是对农业生产经营活动所需的现代生产要素"缺位"的一种有效补充。

（3）规模经济理论阐释。现代农业发展需要实现土地产出规模经济效益，提高农户获取土地规模经济的可得性（刘相汝和李容，2020）。一方面，工商资本可以通过降低生产资料成本和提高产中田间管理水平，在粮食产量增加的同时降低单位面积农业产出成本，实现规模经营（焦长权和周飞舟，2016）；另一方面，工商资本也可以通过拓展产业链条和增加农业附加产值，获得规模经济效益（穆娜娜和孔祥智，2017）。涂圣伟（2014）认为，工商资本下乡具有三大正面效应，即规模经济效应、知识溢出效应和社会组织效应，其认为规模经济效应主要体现在三方面：一是通过资金、技术、管理等先进生产要素关系的改变，优化生产要素结构，提高农业生产效率；二是通过土地流转集中土地资源，改变土地经营过度细碎化造成的规模不经济，实现农业经营效益的提高；三是通过增加资本存量，提升农产品市场流通能力，进而提高农业产业链整体效益。由此可以看出，工商资本投资农业可视为发展现代农业、促进农业农村现代化的理性选择结果。

2. 工商资本投资农业合作困境的研究

（1）强势工商资本与弱势农民群体。当前，工商资本投资农业存在的突出问题是有效利益联结机制的缺失导致的投资机会主义倾向和收益共享困境。长子中（2012）认为，在资本下乡的各个环节，潜藏着多维利益冲突，如果不加以引导，可能出现强势的工商资本所有者与大量弱势小农并存的农村新二元结构；涂圣伟（2014）认为，工商资本投资农业，由于缺乏必要的指引与约束制度，工商资本可能利用自身优势地位控制产业链，进而向小农转嫁风险，挤压农民生存空间；李云新和王晓璇（2017）指出，制度规则模糊性为基层政府、资本投资者、村干部等利益主体策略性分配农业发展利益提供了行为空间；杨鹏程和周应恒（2016）认为，资本的逐利本性决定了资本投资农业的"双刃剑"特性，资本与农户的利益摩擦会对后者产生排挤效应，须妥善处理农户与资本的关系，切实提高资本投资效率与农户收入水平。从利益分配机制上看，平衡企业与农户利益之间的张力是实践中亟须解决的问题，工商资本投资农业利益分配原则是获取农户认同、加强合作、提高投资效率的基础，其也直接影响农户的合作动机和合作行为（张红宇，2014）。杜园园、苏柱华和李伟锋（2019）采用案例分析法分析认为，工商资本投资农业通过规模经营和垄断农资等生产投入要素，在无形当中挤压了农户的生产利润空间，小农户仅获得了微薄的利润，成为企业原料生产和供应基地。明晰的利益分配规则的缺失，为强势群体策略性分配利益提供了行为空间，如果仅实现了农业发展，而将农户排斥在外，不仅会带来社会不稳定的隐患，还违背了实现共同富裕的初衷。

（2）基层治理困境。陈靖和刘洁（2020）指出，现代农业的发展应以小农户为本位，有效的治理实践可以助推小农户更充分地分享参与农业规模化、集约化生产经营的发展收益。但是，相对于弱化的乡村治理能力，工商资本则拥有深厚的社会基础，容易嵌入乡村治理结构内部，形成对乡村社会的控制，农户则面临多重风险（陈晓燕和董江爱，2019）。冯小（2014）研究认为，在工商资本投资农业的过程中，基层政府成为工商资本企业的"代理人"，其后果是农民被动地在博弈场域中处于不平等地位，农民的合法权益受损，利益得不到保障，同时，也增加了基层组织的政治风险，进一步消解组织权威的合法性和公共性。从相关文献中可以看出，在工商资本投资农业快速发展的过程中，资本作为一个外来的生产要素在配置资源时占据主导地位，基层政府对下乡资本的过度干预、利益相关主体间的纠葛多样性和复杂性、新增利益规则不明晰、利益分配制衡机制的缺失，使农户与基层组织的关系发生了变化，对招商引资、土地流转和规模经营产生了不同程度的基层治理负面影响。从监管机制上看，我国多数基层政府拥有行政裁量权，但缺乏内外部监管，在工商资本投资时这种自主权引发了利益冲突，尽管农民对于土地的诸多权利获得了国家法律的认可，但农民却无法从中获得相应的经济机会和合理收益。

（3）粮食安全威胁论。由工商资本投资导致的"非农化""非粮化"

"圈地"行为引发了学界和政界的关注。赵俊臣（2011）认为，工商资本大规模地流转土地，"围而商用"甚至"围而不用"，容易产生耕地"非粮化""非农化"问题。曹俊杰（2018）指出，有些工商资本下乡在获取政府扶持资金后，投入利润率较高的非农生产经营项目，或投入经济价值较高的经济作物，危害了我国农业的粮食安全。张尊帅（2013）、黄彩英和苏亚然（2013）、宋雅杰（2014）、梁瑞华（2015）也撰文指出，农业生产经营过程中会遭遇多重风险，为了规避和掌控风险，工商资本将优质农业用地转向风险较小、利润较大的"非粮""非农"领域，影响了我国粮食安全。蒋永穆、鲜荣生和张尊帅（2015）基于实践样本分析指出，工商资本投资农业参与土地流转的过程中，由流转大户将土地分级承包给不同层次的分包者实施农业生产，事实上，土地经过层级分包后的中等规模经营者才是真正的粮农，但在分包过程中，多数承包人转向了高附加值经济作物，抑或是产业链产前和产后等高附加值部分。然而，基层政府仅能约束与其有直接关系的流转大户，无权干预其他分包者，反过来，国家补贴也没有对真正的中等规模粮农进行扶持，导致种粮积极性减弱，威胁国家粮食安全。

3. 工商资本投资农业合作冲突的成因研究

（1）资本逐利本性论。资本的逐利本性是导致合作冲突的重要因素。杨鹏程和周应恒（2016）指出，追求利润是工商资本投资农业的内在动力，产能过剩、农村土地闲置、土地流转政策调整是工商资本投资农业的现实依据；涂圣伟（2014）认为，工商资本具有逐利本性，在其进入农业从事生产经营过程中，可能"鱼目混珠"，带来一系列问题，但是不能据此"妖魔化"工商资本下乡现象，产生的负面影响主要是相关法律、制度、监管缺位造成的，是相关配套改革没有紧密跟进的结果。潜在的政策含义是国家相关部门应当积极解决工商资本投资农业制度供给不足的问题，正如约翰·N·德勒巴克和约翰·V·C·奈（2003）所言，资本下乡做大蛋糕的同时需要相应的制度规则来适应相对价格的巨大变动，如果制度规则不能调整以反映新的稀缺价值和经济机会，那么，经济体中将会出现耗散资源利用潜在资金的扭曲行为，其中一种表现形式就是为获取经济机会和资源价值而引发利益冲突。利益冲突的有效治理依赖于制度环境产生的规则系统与工商资本投资利益机制的有效调适，这不仅要关注工商资本投资农业的经济效率水平，更为重要的是关注农户主体权益的保障，以明晰的规则压缩策略性利益分配的行为空间，构建规则体系以瓦解灰色利益联盟，构建维权渠道以实现动态治理。

（2）多重风险论。有些学者从风险规避和控制角度解释了现有问题的成因。实践中，由于种植业营利性较差，除了受不确定的自然灾害风险影响外，农业生产经营过程还受市场风险和道德风险影响（邹坦永，2014）。工商资本企业与农户合作通过签订商品（要素）契约建立联系，契约规定了双方的权利义务关系。契约签订主要有两种方式：一种是销售契约，另一种是保护契约。销售契约规定企业向农户提供市场信息、农资供给、技术服务；保护契约则是企业与农户签订保护价收购合同，承诺以约定最低收购价格收购农产品。由于缺乏资产抵押而导致法律约束效力不足，农户和工商企业存在着明显的缔约后的机会主义行为倾向，农业外部交易条件的多变性甚至加剧了这一机会主义行为。例如，当农产品市场价格波动强烈，市场价格高于契约中规定的价格时，农户违反契约约定将农产品转售给市场，而这时工商企业的原料很难在短期内通过市场交易获得，从而影响企业的正常生产，导致利润受损；相反，如果农产品市场价格低于契约中约定的价格，工商企业则有违约从市场中收购农产品的倾向，也将使交易无法达成，农户利益受损。市场风险和道德风险源于契约双方地位的非对称性、契约约束的脆弱性及对机会主义行为的有效制约受限。

4. 工商资本投资农业绩效评价体系的研究

（1）工商资本投资农业绩效评价方法的选择。现有的工商资本投资农业绩效评价研究中，国内学者的研究方法相对一致，主要集中在通过合作博弈或农户福利增减变化进行定量研究。王火根（2011）基于演化博弈理论，选取交易成本、规模性、资产专用性等因素，在更为一般的条件下分别建立了完全信息静态博弈模型和无限阶段重复博弈模型。苏昕和刘昊龙（2015）利用演化博弈理论，对农产品生产和加工领域影响农产品质量安全生产的因素进行了分析，并采用Net Logo仿真平台进行了模拟，观测不同参数设定对农产品质量安全演化博弈稳定状态的影响。周业付（2016）通过考虑工商企业与农户博弈的动态性和长期性，对农户策略选择进行了博弈分析和均衡分析，指出主体可通过学习不断调整策略以实现长期合作来获取收益。聂辉华（2012）建立了一个关系契约分析框架，运用博弈理论对农业产业化模式的生产效率进行了分析，提出单期契约和多期契约的适用范围及农业产业组织模式选择的依据。米中威（2012）、魏际玲（2013）、蒋军利和唐晓嘉（2014）、易慧珺（2016）、孙加奎（2016）等均采用博弈论方法进行了实证研究，尽管研究结论不尽相同，但是对于形成公认的研究方法提供了可能。此外，李云新和黄科（2017）基于阿马蒂亚·森的可行能力分析框架，结合实证调研样本资料，通过构建资本下乡中农户福利水平评价体系，测算了资本下乡前后农户的福利损益增减变化情况；还有学者从工商资本和农户两个角度对工商资本进入现代农业进行了 SWOT 分析，对机会与风险并存进行了阐释。

（2）工商资本投资农业影响因素的分析。部分学者以工商资本投资农业评价结论为基础，对影响因素进行了探索性研究，工商资本投资农业企业与农户的合作绩效不仅受外部政策机制环境因素影响，还受到内部因素的制约（曾博，2018）。王火根（2011）认为，信息是否对称、契约的完全性、惩罚机制是否完善、资产专用性强弱、工商企业规模等会影响工商资本投资农业合作订单的履约率，进一步地，调整交易的不确定性和交易频率可以稳定农户与公司之间的契约关系。农业产业组织模式的发展和农户增强组织紧密联结程度的行为就是为了降低交易费用和生产成本，因此，交易费用的高低也是重点考虑因素。黄祖辉和张静（2008）研究发现，谈判成本、信息搜集成本、执行成本、协调成本和经营管理成本均会对工商资本投资农业的组织模式选择、农户参与纵向协作的程度产生影响。其他学者还通过二元 Logit 模型、农户福利变化定量测度方法对资本下乡过程中参与农地流转的影响因素进行量化分析。相关文献显示，总收入中工资性收入的比例、户主受文化教育水平、家庭成员平均教育水平、家庭劳动力数量、非农就业人口比、家庭成员年龄结构、家庭抚养人口比、家庭性别人口比例等均具有不同程度的显著影响（白丽、张润清和赵邦宏，2015；李霖和郭红东，2017）。

5. 关于纵向协作的研究

当前农业产业链纵向协作的研究主要集中在协作过程中如何实现交易费用降低及工商企业如何控制农产品渠道以确保质量安全方面，多数学者认为降低交易费用是产业链上参与主体之间进行协作并日趋紧密的重要动力。应瑞瑶和王瑜（2009）通过分析生猪生产流通体系中信息成本、谈判成本等交易成本对养猪户垂直协作方式选择的影响，指出降低交易费用和生产经营风险是相关主体之间开展纵向协作的主要原因。张明华、温晋锋和刘增金（2017）研究认为，通过纵向协作模式中签订的契约，制定合理的激励与约束机制、利益共享与风险共担机制，可以从农产品生产源头上保障食品安全。纵向协作程度的差异对农产品质量安全具有显著的影响，协作程度越高，利益联结越紧密，工商企业对农户的约束作用越强，农户按照高标准生产农产品的可能性越高。王瑜和应瑞瑶（2008）、刘颖姮（2009）研究认为，纵向协作的紧密程度对养殖户（猪养殖户和奶农养殖户）质量控制行为会产生显著影响，具有紧密协作关系的养殖户对农药需求倾向明显低于松散型市场交易模式的养殖户。戴迎春（2006）通过研究新型猪肉供应链垂直协作关系指出，屠宰与加工环节的纵向一体化模式在一定程度上提高了猪肉的质量安全，而松散的协作模式导致猪肉存在质量安全隐患。刘庆博（2013）探讨了枸杞种植农户参与纵向协作、病虫害统防统治对枸杞种植环节质量控制行为的影响，指出在紧密型纵向协作模式下，枸杞种植质量控制行为优于松散型纵向协作模式。

6. 博弈论在工商资本投资农业中的运用

21世纪以来，我国经济学者逐渐加强了对演化博弈理论领域的关注，谢识予（2001）最先介绍了演化博弈理论中的一些基本概念以及相关内容，为我国演化博弈理论的发展奠定了基础。张良桥和郭立国（2003）对演化博弈理论中的复制者动态方程做了具体阐述，包括对称的复制者动态方程和不对称的复制者动态方程。郭其友和李宝良（2005）对2005年诺贝尔经济学奖获得者罗伯特·奥曼和托马斯·谢林运用博弈论分析长期合作、承诺和协调理论做了全面的评述。黄凯南（2009）介绍了演化博弈与演化经济学两种理论的互补性与差异性，分析了演化博弈结构框架、演化动态、演化稳定均衡的发展，揭示了演化分析的作用。随着博弈理论研究适用性的拓展，很多学者将其应用在对工商资本投资农业过程的分析中。王孝莹、张可成和胡继连（2006）研究认为，无论是一次博弈还是重复博弈都无法帮助农户摆脱合作失败的困境，要想突破困境必须引入激励机制，成立农户自愿参加的合作组织。金梅（2010）在分析农业合作组织内在运行机制的基础上，将博弈模型运用在新型订单农业发展模式的研究中。张国权、彭竞和李春好（2013）运用演化博弈的相关理论，构建了"农超对接"策略选择的演化博弈模型，得出结论："农超对接"交易模式中，交易主体选择积极策略的概率与交易成本和交易风险系数呈负相关关系，与合作收益和双方信任水平呈正相关关系。霍远和王付海（2017）基于博弈的视角，论证了农业经营管理模式由个体小规模向集体适度规模、由个体理性向集体理性过渡的合理性。刘楠（2017）运用联盟博弈 Shapley 方法分析了不同合作模式下，农户如何选择中间机构进行合作，并获得合作收益。

三、现有研究简评

综上所述，现有研究围绕工商资本投资农业可行性、合作困境、绩效评价等相关问题进行了多维度的探索，成果斐然。然而，现有研究还存在一些不足，这为本书研究提供了空间。

首先，目前我国国内关于纵向协作的研究主要集中在纵向协作如何控制农产品生产质量和稳定企业优质农产品渠道等方面，缺乏对工商资本投资农业协作主体利益诉求的综合考虑，且纵向协作程度与协作主体收益效应的相关性研究也较少。

其次，学术界侧重农产品加工企业或农户对不同纵向协作的选择意愿与行为研究，没有过多关注工商资本投资农业纵向协作实现逻辑的研究。随着农业组织化的发展，农户借助农民专业合作社提高了组织化水平，成为组织化小农，这有利于开展更为紧密的纵向协作，但是农民专业合作社的建立并不必然带来纵向协作，影响协作主体之间开展紧密的纵向协作的因素很多，如何发展长期稳定的纵向协作关系值得深入研究。

最后，现有农业产业链纵向协作模式选择的研究多是从交易费用降低的角度进行分析，运用博弈论方法开展研究的还很少见。工商资本投资农业过程中，工商企业、农户和农民专业合作社等协作主体之间的交易行为存在机会主义行为，交易过程中处处存在博弈，因此，从博弈论视角进行研究具有理论上的合理性和方法上的创新性。

第三节　研究目的、技术路线及结构安排

一、研究目的和技术路线

本书研究目的主要有：一是分析工商资本投资农业纵向协作类型和模式，梳理工商资本投资农业纵向协作演化过程；二是分析工商资本投资农业纵向协作实现逻辑，构建协作主体的契约关系模型，揭示合作收益与纵向协作紧密程度之间的内在逻辑关系；三是分析工商资本投资农业纵向协作收益效应，实证分析纵向协作紧密程度对协作主体合作收益的影响及因素分析，为工商资本投资农业协作主体建立和维护程度更紧密的纵向协作关系提供一定的理论和实践依据。研究的技术路线如图1-1所示。

二、结构安排及主要内容

第一章绪论。首先，本章介绍了本书研究的背景、意义及目的；其次，对国内外工商资本投资农业和纵向协作等相关研究进行了回顾，并做了简要述评；最后，对本书研究整体思路、框架结构安排、主要内容、研究方法给予说明，指出本书可能的创新点。

第二章工商资本投资农业纵向协作研究的理论基础与分析框架。本章是基础理论部分，首先，界定了工商资本和纵向协作等相关概念；其次，对工商资本投资农业纵向协作研究中涉及的理论工具和理论方法进行回顾，

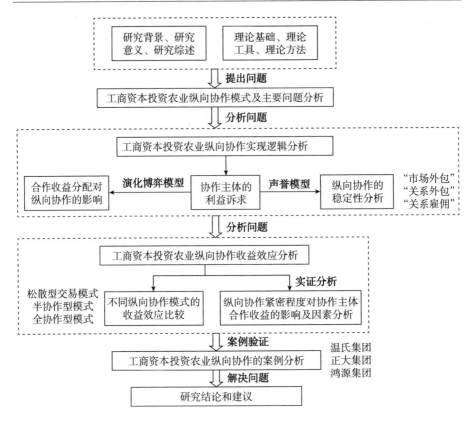

图 1-1　研究的技术路线

包括产业组织理论、博弈论、交易费用理论、委托代理理论；最后，阐释了工商资本投资农业纵向协作研究的分析框架，为下文的分析奠定理论基础。

第三章工商资本投资农业纵向协作的历史流变与现实困境。首先，根据文献研究资料回顾了我国工商资本投资农业的阶段性沿革，以及新时期工商资本投资农业的合作动因；其次，梳理了目前工商资本投资农业纵向协作模式；最后，对实践中我国工商资本投资农业存在的主要问题进行归纳。本章属于"提出问题"部分，为后文以"问题意识"为切入点的分析做铺垫。

第四章工商资本投资农业纵向协作的实现逻辑分析。本章对合作收益分配与工商资本投资农业纵向协作程度间的关系进行探究。首先，分析工商资本投资农业中工商企业、农户、农民专业合作社和政府的利益诉求；其次，构建演化博弈模型，就合作收益分配情况对工商资本投资农业纵向协作进行演化博弈分析；再次，构建声誉模型，从声誉角度就合作收益分配对工商资本投资农业纵向协作程度的影响机理进行深入分析；最后，对收益公平分配、纵向协作程度与工商资本投资农业合作收益三者间的关系进行归纳。本章属于"分析问题"环节，为下一章工商资本投资农业纵向协作收益效应分析提供理论依据。

第五章工商资本投资农业纵向协作收益效应分析。首先，按照纵向协作程度的不同，将工商资本投资农业划分为松散型模式、半协作型模式和全协作型模式，并在统一模型框架下比较了不同纵向协作模式的收益；其次，从分工协作程度、人力资本能力提升、交易费用降低角度分析了纵向协作模式的演化趋势，以及纵向协作紧密程度对工商资本投资农业合作收益的影响机理；最后，采用中华人民共和国农业农村部（以下简称农业农村部）2016年对全国31个省（自治区、直辖市）、91个县（市、区）的家庭农场监测调研数据，实证分析了纵向协作紧密程度对协作主体合作收益的影响。本章仍然属于全书的"分析问题"环节。

第六章工商资本投资农业纵向协作的案例研究。前述研究认为，工商企业、农户和农民专业合作社之间合作收益的公平分配满足了协作主体的利益诉求，提高了工商企业与农户间开展纵向协作的概率。随着纵向协作主体声誉资本的积累，协作主体对合作保持足够的耐心，增加彼此的信任，合作趋于稳定，从而激励主体建立纵向协作程度更高的协作模式，合作收益进一步增加，利益联结更为紧密，进而实现多方共赢。本章剖析三个典型案例加以证明。案例选取了温氏集团、正大集团和鸿源集团三家工商企业，有的从事养殖类，有的从事种植类，且纵向协作的模式和合作收益分配各有不同，所以比较典型和具有代表性。

第七章主要结论与政策建议。首先，阐述了本书的主要结论；其次，结合前面章节的分析和主要结论，提出完善工商资本投资农业纵向协作的对策建议；最后，指出本书的不足及展望。本章属于"解决问题"环节。

第四节　研究方法

本书综合运用归纳和演绎法、数理模型分析方法、计量分析与实证分析法和典型案例研究法。

一、归纳和演绎法

本书梳理了国内外工商资本投资农业和纵向协作的相关研究，归纳总结了工商资本投资农业的阶段性沿革、合作动因、协作类型、协作模式的演变和存在的主要问题，揭示了参与主体之间的协作关系从工具性与人际性的维度向价值性与制度性维度演变的趋势，为本书研究提供了一定的理论基础和实践指导。

二、数理模型分析方法

本书在不同纵向协作程度的合作收益比较、工商资本投资农业纵向协作程度与合作收益相关性的研究中，构建了演化博弈模型和声誉模型等数理模型。演化博弈模型分析了工商资本投资农业纵向协作的实现逻辑，揭示了合作收益与纵向协作紧密程度之间的内在逻辑关系；声誉模型分析了工商资本投资农业纵向协作收益效应，以揭示声誉资本对工商资本投资农业纵向协作程度的影响机理。演化博弈模型把决策行动的调整看作是动态稳定状态，更能真实地反映行为人的多样性与复杂性，使得模型对经济现象的解释更加合理。

三、计量分析与实证分析法

本书借助农业农村部对全国范围内家庭农场这一新型职业农民群体的

相关调查研究数据，将家庭农场与农民专业合作社、工商企业联系起来，实证分析纵向协作的紧密程度对家庭农场合作收益的影响。农业农村部在2016年对全国家庭农场开展了监测调研，笔者作为黑龙江监测点调研人员参与了调研，获得了相关数据。监测调研共获得关于家庭农场的基本情况、农场主基本信息、劳动力情况、土地利用情况、农产品生产情况、销售情况、农场成本收益情况等12个方面的第一手资料（调查问卷参见附录），范围涵盖全国31个省（自治区、直辖市）、91个县（市、区）的3073个家庭农场。计量分析与实证分析相结合使得研究结论更具客观性和现实性。

四、典型案例研究法

本书选取了温氏集团、正大集团和鸿源集团三家企业的典型案例对工商资本投资农业纵向协作的实现逻辑和收益效应分析进行检验。其中，笔者对鸿源集团进行了实地调研。通过典型案例研究，可以更清晰地演示不同程度的纵向协作的收益效应，更好地诠释紧密型纵向协作的形成机理。

第五节 创新点

第一，研究视角的创新。本书以工商资本投资农业开展纵向协作为视角，对纵向协作的实现逻辑和收益效应进行分析，聚焦如何实现工商资本投资农业过程中协作主体之间利益均衡和长期稳定协作。研究构建了一个统一的分析框架和理论模型，揭示了合作收益分配与纵向协作紧密程度之间的内在逻辑关系，并实证分析了影响工商资本投资农业纵向协作长期稳定关系的因素。

第二，研究方法的创新。既有研究大多仅提出工商资本投资农业过程中面临的问题是缺乏有效的利益联结机制，主要采用案例研究和静态分析方法，较为片面，难以为工商资本投资农业纵向协作类型的演化及其治理优化提供充分的指导。本书突破了这一局限性，构建演化博弈模型，对工商资本投资农业纵向协作实现逻辑进行演化博弈分析，并通过构建声誉模型，从声誉角度对工商资本投资农业纵向协作的收益效应及其影响机理进行分析。

第三，研究内容的创新。一是按照纵向协作程度的不同，提出了更为细致的协作模式分类，并比较了不同协作模式的合作收益；二是从农户视角实证分析了不同程度的纵向协作对农户合作收益的影响。由于既有研究对工商资本投资农业合作模式的分类不够细致，且很少对比分析不同合作模式的合作收益，或者仅静态分析工商企业与农户之间的纵向协作关系，因此，本书的内容在相关研究中具有一定的创新性。

第一章
工商资本投资农业纵向协作
研究的理论基础与分析框架

首先，本章对工商资本和纵向协作的概念进行了界定；其次，对工商资本投资农业纵向协作研究中涉及的理论工具和研究方法进行了回顾；最后，阐释了工商资本投资农业纵向协作研究的分析框架，为下文的分析奠定理论基础。

第一节　相关概念界定

一、工商资本

工商资本，顾名思义指的是工商业资本，包括工业资本与商业资本，即在城市发展过程中从事工商业所积累的资本。亚当·斯密在《国富论》中指出，进步社会的工商资本最先投资于农业，并且投资农业最有利于社会的发展，工商资本是农业增长的基本源泉。

相关政策中关于工商资本进入农业有工商资本投资农业和资本下乡两种表述。张良（2016）归纳了"资本下乡"的两种实践形式：一种是工商资本参与以"农民上楼"为主的土地综合整治项目，作为投资方获得节余建设用地指标出让的收益；另一种是工商资本大规模转入农地，帮助基层政府推进土地规模化经营，大力发展现代农业。李云新和王晓璇（2016）进一步将资本下乡分为狭义和广义两种解释。狭义解释是指工商资本在农村流转土地从事现代农业生产经营的活动，典型模式是"公司＋农户"；广义解释则是指在政府财政资金大规模"反哺"农村的背景下，城市工商资本大量涌向农村进行土地整理、土地流转和新农村建设并从事农业经营的一系列现象。李家祥（2016）将工商资本下乡经营农业定义为城市工商业者在国家政策的引导和利润的驱动下，以资本形式注入农村，使城市资金、技术、人才等现代生产要素与农村土地等生产要素相结合，以规模化、集约化、企业化方式参与农业生产各环节和农业产业各链条，以提高农业生产效率的现代农业生产经营活动。现实中，工商资本投资农业和资本下乡的实践形式是一致的，工商资本进入农村大规模转入农地从事现代农业生产活动，即所谓的资本下乡（曾博，2018）。

二、纵向协作

纵向协作概念最早由 Mighell 和 Jones 于 1963 年提出，其将纵向协作定义为是在生产和营销过程中联系生产和经营销售各个环节的所有联结方式。周曙东和戴迎春（2005）认为，市场交易模式是最松散的纵向协作模式，而纵向协作一体化则是最为紧密的纵向协作模式，两者之间还存在多种紧密程度不同的模式。王纪元（2018）认为，纵向协作是农业产业链中上下游相关企业与农户之间的经济联合（见图 2－1），即农业产业链中所有纵向相互依赖、相互协作的生产和销售活动方式。随着农业专业化发展和分工协作的细化，农业生产经营链条中分化出了具有较强市场控制力的经济组织，与农户分工协作，通过利益联结，形成了形式各异的纵向协作模式，从而完成小农户与现代农业市场的对接。国内学者将其译为"农工商一体化经营""纵向联合""农工商一体化""纵向协调""纵向协作"，本书统一采用"纵向协作"，指从纯粹买卖关系的市场交易到各类合同，再到组织内部经营管理行为的完全一体化等所有的联结方式（王图展，2017）。工商资本投资农业过程中的纵向协作在本质上是工商企业与农户、农民专业合作社等主体从没有稳定农资供应商和农产品目标客户的市场纯粹买卖行为，转变到与农业产业链上下游协作主体通过签订农资采购合同或农产品销售契约，开展长期合作伙伴关系的各种联结方式。

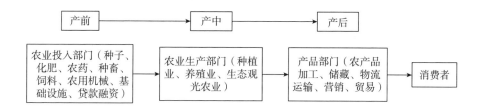

图 2－1　农业产业链

第二节　理论基础

一、产业组织理论

1. SCP 分析框架

产业组织理论研究的核心是在市场不完全竞争条件下，产业内部各企业之间资源配置的合理性问题，属于微观经济理论的一个重要分支。企业与企业之间的关系主要有交易关系、企业行为关系和资源配置利用关系。

20 世纪 30 年代前后，相对完整的产业组织理论体系在美国逐渐形成。以哈佛大学为中心，故称之为哈佛学派，代表人物是梅森（Mason）和贝恩（Bain）。哈佛学派的产业组织理论最重要的贡献是在经验性研究的基础上，将产业分解为特定的市场，按结构（Structure）—行为（Conduct）—绩效（Performance）的框架进行分析，建构了 SCP（Structure－Conduct－Performance）的分析范式，衡量经济绩效及市场结构与市场绩效之间的关系。在

SCP 的分析范式中，哈佛学派突出市场结构、市场行为和市场绩效的影响关系，强调市场结构对市场行为的决定性作用，进而对市场绩效的决定性影响，即市场结构影响组织的行为，组织行为影响组织的市场绩效，想要提高市场绩效则需要调整不合理的市场结构和规范组织的市场行为。哈佛学派开创性地建立了 SCP 分析框架和理论范式，深化了微观经济学的研究，然而，哈佛学派的研究范式是建立在实证分析基础上的经验性研究，缺乏坚实的理论分析与理论基础，将市场结构、市场行为和市场绩效设定为单向的因果关系，忽视三者之间复杂的相互影响关系分析，过度强调市场结构对市场行为的决定作用，因此，哈佛学派的产业组织理论受到了芝加哥学派的评判。

芝加哥学派的主要观点是建立在对哈佛学派 SCP 研究范式批判基础上的，其更加注重对 SCP 范式的理论分析。芝加哥学派代表人物斯蒂格勒重新定义了进入壁垒，相较于 SCP 范式的定义，芝加哥学派定义的进入壁垒的重要性大大降低，对垄断结构不再进行限制，而是提倡对垄断行为进行规范。芝加哥学派还对市场结构、市场行为和市场绩效的单向关系进行了批判，强调双向互动关系，并对市场效率进行了重点分析，指出市场效率是市场结构和市场绩效的决定因素，市场效率的提高产生了竞争优势。芝加哥学派拓展了 SCP 分析的研究视野，但是其过度依据假设进行逻辑推导，缺乏对理论的经验性检验。

如图 2-2 所示，市场结构、市场行为和市场绩效是产业组织研究中的重要范畴。市场绩效是由市场结构和一定的市场结构下的市场行为共同决定的，反映的是在特定的市场结构和市场行为条件下资源配置的合理程度和市场运行的效率。与此同时，市场绩效的提高或降低，也同样作用于市场结构和市场行为。产业组织理论对市场绩效的研究主要通过资源配置效率、利润率水平、技术进步、经营管理水平、销售费用等方面衡量，并通过分析三者之间的关系对市场绩效的优劣程度做出解释。

2. 纵向并购与交易费用

20 世纪 70 年代，SCP 理论研究范式发生了重要变革，出现了以策略性行为研究为核心的新产业组织理论（New Industrial Organization，NIO）。

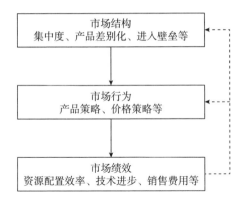

图 2 - 2　市场结构、市场行为与市场绩效的关系

1960 年，托马斯·C. 谢林（Thomas C. Sehelling）最早对策略性行为进行了定义，其认为企业通过影响竞争对手对企业的行动预期，可以使竞争对手做出对该企业有利的决策行为，这种影响竞争对手预期的行为就是策略性行为。策略性行为对竞争对手预期的影响主要是通过他们所在的共同的市场环境，这就表明市场环境可以通过企业策略性行为改变，而不再是外生给定。一方面，新产业组织理论强调组织市场行为，否认了传统哈佛学派 SCP 研究范式强调的市场结构外生性的观点；另一方面，新产业组织理论将博弈论和信息经济学的方法论引入产业组织理论，明确了策略性行为在产业组织理论中的地位。

　　产业组织理论的另一个重要发展就是引入交易费用，交易费用已然成为研究经济组织的核心内容。实力企业收购、合并与企业生产联系紧密的生产或营销企业，通过形成纵向生产一体化，降低企业交易费用，增强垄断实力，确保稳定的投入品供应，将企业外部经济内部化，并通过一系列成熟的规制进行经营管理，使得企业更具市场优势和竞争实力。并购可以为前向并购也可以为后向并购。前向并购可以是生产投入品企业通过并购将业务拓展到加工领域，也可以是制造企业通过并购进入到经营流通领域；后向并购则是制造或加工企业通过并购向原材料生产领域拓展。无论是哪一种并购行为，都是错综复杂的，但其目的都是降低交易费用、优化资源配置。

交易费用理论表明，交易资产的专用性、交易的不确定性及交易发生的频率都是影响交易费用的重要因素，但是由于交易主体的有限理性，企业需要通过契约的形式约定交易条件。完备的契约可以消除机会主义行为，但是现实中不可能将所有权益明晰在契约中，或通过契约确定全部不可预测的情况，所以契约的不完备性是天然存在的，且对交易费用起决定性作用（Grossman and Hart，1986）。从契约不完备的角度看企业并购，纵向并购可以降低由资产专用性所致的机会主义行为，解决连续决策过程中由于契约的不完备所致的各种形式的风险。企业实施纵向并购后的优势在于可以协调各方利益，提高决策程序的效率。有效率的投资和有效率的连续性决策之间可能存在矛盾冲突，但其可以实施纵向并购，通过内部控制机制得到一定程度的解决。由此可见，纵向并购在解决机会主义行为和人的有限理性问题时具有一定的优势：纵向并购可以通过监督和管理降低道德风险，可以通过改变供给条件和市场结构降低交易成本，当市场的作用在企业之间的交换过程中失效时，可以考虑纵向并购。与纵向并购相对应的就是横向并购（水平并购），其主要指同一行业内企业间的并购活动。横向并购的优势是可以快速扩大经营规模，占领市场，提高市场集中度，获得规模效益，通常来讲，通过市场适度集中可以形成规模经济效应，然而过度的集中又会引发垄断，从而限制竞争。美国的反垄断实践也表明，横向并购更易遭到限制。

综上所述，产业组织理论不仅以市场结构、市场行为、市场绩效为研究核心，还关注企业的行为与绩效，同时，进一步将交易费用引入到理论体系中，研究纵向或横向并购后整个产业链上下游组织间的关系。依据产业组织理论，在本书中，农业和农业产业组织体系的现状是农业纵向协作模式选择的环境基础，工商企业、农民专业合作社与农户等主体之间的关系和行为互动模式，即为不同的纵向协作关系。工商企业、农民专业合作社和农户等主体选择不同程度的协作模式对农户绩效会产生不同的影响，反过来，农户的绩效也会反映农业产业链纵向协作模式的合理性。选择更为合理的纵向协作模式，可以促进农业产业组织体系健康发展，提高农业产业链整体绩效和相关主体绩效，达到多方共赢。

二、博弈论

博弈又称为策略博弈,是参与人基于交叉效应意识的行为互动。基于博弈的概念,博弈论是研究互动情形下理性行为的科学,其可以提供一些思考策略和互动问题的一般原理,即为博弈参与人提供一个理性选择与互动均衡的研究框架,为理性行为增加一个与其他理性决策者互动的维度(阿维纳什·迪克西特、苏珊·斯克丝和戴维·赖利,2017)。1944年冯·诺伊曼(John von Neumann)和摩根斯坦(Morgenstern)出版著作《博弈论与经济行为》,1950年艾伯特·塔克(Albert Tucker)以囚徒方式阐述并将此命名为"囚徒困境",约翰·纳什(John Nash)于1950年和1951年发表的"纳什均衡"为非合作博弈奠定了基石(张维迎,2004)。非合作博弈(Noncooperative Game)是在集体行动的协议不具有强制力时,个体参与者根据自身利益所采取的行为,这种合作行为只有符合个体参与者利益时才能发生。与之相对应的是合作博弈(Cooperative Game),即协议对参与者行为具有强制力。现实中,充足的实施联合行动的协议的外部强制力几乎不存在,所以研究范畴以非合作博弈为主。

博弈可以根据参与人利益冲突与否、博弈行为重复的次数、获取信息的多寡、行动时间顺序等划分为不同的类型。例如,根据博弈行为重复的次数,分为单次博弈、有限重复博弈和无限重复博弈;根据行动时间顺序,划分为序贯博弈和同时博弈;根据参与人获取信息的多寡,划分为完全信息博弈和不完全信息博弈。

1. 不对称信息博弈

由于参与人有限理性,其在博弈中的信息是不完全的,参与人的策略和策略函数的支付不可能完全被知晓或确定,所以多数的博弈是不完全信息博弈,且这种不完全也是不对称的,这就是通常所说的道德风险(Moral Hazard),博弈过程中交易参与者选择设计契约以激励其他参与人实现既定目标。经济学中诸如激励契约、企业组织、政府规制中存在的困惑,都因为对信息的研究而找到了问题的根源。

博弈过程中，每个参与人仅了解自己的偏好，但对其他参与人却并不了解，如果能够操纵其他参与人对自己偏好的了解，博弈的结果就会改变。这种操纵非对称信息的行为就是一个策略博弈，比较典型的案例就是披露误导信息和披露精选过的对自己有利的信息。不完全信息博弈中，其他参与人可以使用策略行为去控制博弈的信息，通过支付制度或与他人共担风险以减少自己的风险，依据博弈的环境将风险变为收益。不对称信息博弈中，博弈参与人不能够仅按照自己的信息采取行动，还应该根据其他参与人的行动更新信息，即对信息进行甄别。甄别只有在能够诱导其他参与人披露真实有效的信息时才有效果，这就需要激励相容的条件。不对称信息博弈的均衡被称为贝叶斯纳什均衡，即在给定自己类型和其他参与人类型的概率分布的情况下，能够最大化参与人期望效用的策略组合。下面用策略式演示。假设参与人 n 的策略空间 X_n 的类型为 λ_n，用 $X_n(\lambda_n)$ 表示 n 的策略空间，$x_n(\lambda_n) \in X_n(\lambda_n)$ 表示一个特定策略。同上，n 的效用函数也依赖此类型，表示为 $u_n(x_n, x_{-n}; \lambda_n)$，条件概率 $p_n = p_n(\lambda_{-n} \mid \lambda_n)$ 表示给定参与人 n 属于 λ_n 类型，其他参与人 $-n$ 属于 λ_{-n} 类型的概率。

给定其他参与人策略 $x_{-n}^*(\lambda_{-n})$ 时，若参与人 n 的策略 $x_n^*(\lambda_n)$ 满足：

$$x_n^*(\lambda_n) \in \mathop{\arg\max}_{s_n} \sum p_n(\lambda_{-n} \mid \lambda_n) u_n(x_n(\lambda_n), x_{-n}^*(\lambda_{-n}); \lambda_n, \lambda_{-n}), \forall x_n$$

$(\lambda_n) \in X_n(\lambda_n)$，$\forall n$ 则称 $x^* = (x_n^*(\lambda_n), x_{-n}^*(\lambda_{-n})) = (x_1^*(\lambda_n), \cdots, x_i^*(\lambda_n), \cdots, x_n^*(\lambda_n))$ 是一个纳什均衡。

2. 演化博弈论

博弈论研究的主要是行为人在经济活动中的决策问题，而传统的博弈理论大多假设人是完全理性的，但是越来越多的学者在实践研究中发现，行为人在决策过程中会根据周围环境的变化以及其他人的选择决定自己的决策，并且在决策的过程中不断调整，以便更好地适应所处环境，这一过程与生物进化特征类似。博弈论学者开始将博弈论与生物进化论结合，自然选择的思想开始渗入，形成了进化博弈论，也称演化博弈论（Evolutionary Game Theory）。1973 年，Maynard – Smith 和 Price 将生物演化规律与传统博弈理论相结合，引入突变机制将传统的纳什均衡精炼为演化稳定均衡，并提出演化稳定策略（Evolutionary Stable Strategy，ESS），这成为演化博弈论形成的标志。1978 年，Taylor 和 Jonker 进一步在博弈论中引入选择机制建构复制者动态模型，复制者动态的提出标志着演化博弈论的发展又向前迈了一大步，这一阶段是演化博弈论正式形成时期（Taylor and Jonker，1978）。演化稳定策略和复制者动态被认为是演化博弈论中最核心的基本概念，演化稳定策略表示演化的稳定状态，而复制者动态（Replicator Dyna-mics，RD）表示演化博弈的动态收敛过程，这两个概念的发展拓展了演化博弈论的主要研究内容。

随后，经济学家借鉴了演化博弈的思想，将其反过来运用到经济学中，进一步推动了演化博弈论的发展。其中，最著名的模型是随机稳定均衡和随机个体学习动态模型等（Foster and Young，1990；Weibull，1995，2002；Kaniovski and Young，1995；Fudenberg and Levine，1998；Friedman，1991，1999）。

演化博弈摒弃了传统博弈论中行为人完全理性的假设，把集体行动的调整看作是动态稳定状态，更能真实地反映行为人决策过程中的多样性与复杂性，也使得模型本身更加合理化，更具有解释意义（黄凯南，2009）。与经典博弈假定参与者完全理性不同，演化博弈认为参与者是有限理性的，并不掌握全部博弈结构和博弈规则，且参与者是通过某种传递机制获得策略的。有限理性意味着尽管博弈的次数是无限的，但博弈参与者即使达到均衡也可能再次偏离，通过不断试错寻找策略。

区别于传统博弈，演化博弈除了研究有限理性博弈外，其另一个重要特征是考察群体或种群，而非个体行为，即演化博弈的过程是重点考察群体规模和策略频率。演化博弈的核心是考察有限理性博弈方群体成员的策略调整过程、趋势和稳定性。演化博弈的演进过程包括变异机制和选择机制两种，但是其变异机制较为有限，主要是为了检验稳定性，选择机制才是演化博弈建模的核心内容。复制者—变异者模型在复制者动态模型的基础上考虑了策略的随机变动，是一个既考虑选择机制，又考虑变异机制的综合演化博弈模型（Nowak，2006）。复制者动态存在用差分建模的离散型和用微分方程建模的连续型两种类型，两种类型各有优势，离散型比连续型更加接近现实，但是却更难求均衡解，因此，统筹采用连续的复制者动态模型。复制者动态是非线性的，求解非常困难，研究则转向分析均衡的稳定性。

演化稳定策略是演化博弈中最基础的均衡概念，尽管演化博弈是建立在非理性的基础之上的，但是演化稳定策略与博弈的纳什均衡还是有一定关联性的，但是稳定策略却比纳什均衡更为精炼，每一个严格的纳什均衡都是演化稳定策略。如果存在一个演化稳定均衡策略，那么就一定存在一个正的入侵障碍，在变异策略频率低于这个入侵障碍时，现存的演化稳定均衡策略会比变异策略获得更高的收益水平（黄凯南，2009），这是演化稳定策略的核心思想。为突破传统演化稳定策略的局限性，学者们尝试研究基于多角度的连续策略空间的演化稳定均衡（Lee，2007）。比较常用的稳定概念有局部优先策略和局部稳定策略，两者均基于连续的策略空间，且突变是群体中的所有参与者从某一策略 y^* 转变到此策略邻近的 y。y^* 是局部的稳定策略的条件为，在所有邻近策略 $y \neq y^*$ 中，当 $\theta > 0$ 时，$f((1-\theta)y+\theta y^*, y) > f(y, y)$；当 $\theta < 0$ 时，$f((1-\theta)y+\theta y^*, y) < f(y, y)$。此时，$y^*$ 作为局部优先策略的条件为，在所有邻近策略 $y \neq y^*$ 中，$f(y^*, y) > f(y, y)$。

工商资本投资农业开展纵向协作过程中，协作主体选择不同，行为也会发生变化。博弈论是一种探讨各参与主体行为的常用方法论，将博弈论代入到工商资本投资农业纵向协作关系的讨论中，可以客观地帮助人们在实践中认识事物之间的矛盾及其相互关系，制订相应的策略。工商资本投资农业过程中机会主义倾向、"搭便车"行为给协作主体造成了不可估量的损失，研究认为充分考虑协作主体的利益诉求，激发其能动性，避免道德风险是非常必要的。依据研究目标需要，将在信息不对称的情况下，构建演化博弈模型分析工商资本投资农业纵向协作的实现逻辑，揭示合作收益与纵向协作紧密程度之间的内在逻辑关系。

三、交易费用理论

1. 交易费用的内涵与外延

旧制度经济学家康芒斯（J. R. Commoms）最早对"交易"（Transaction）一词做出明确界定和分类，将交易作为人类经济活动的基本单位，作为制度经济学分析的最小单位（袁庆明，2019）。康芒斯对"交易"一词的论述成为科斯（Ronald H. Coase）提出交易费用思想、创立交易费用理论的现实基础和思想渊源。1937 年，Coase 在《企业的性质》中首次将交易存在费用的问题引入经济分析之中。与新古典经济学以价格理论为核心的研究不同，新制度经济学的理论核心则是交易费用。Coase（1937）认为，价格机制的运行是有成本的，市场价格机制运转的代价就是交易费用，企业内部的交易可以降低一定的交易成本，这正是企业作为市场替代物存在的本质。随后，Coase（1960）不断深入对交易费用的研究，赋予交易稀缺性的内涵，将交易与资源配置效率相结合，界定交易费用范畴是因交易本身而耗费的成本，这一对交易费用范畴的准确概括奠定了新制度经济学理论的基础，将经济学的成本—收益分析成功渗透到制度分析领域。毫无疑问，Coase 是交易费用理论的奠基人和开创者，但是最先明确提出"交易费用"一词的则是 Arrow（1969）。

随后，学界对交易费用的内涵和外延进行了界定，明确了交易费用概念指向的范围和项目内容。Williamson（1985）将交易费用划分为事前交易费用和事后交易费用两部分，签订交易契约、组织谈判和履行契约的费用为事前交易费用；而契约签订后，讨论和约定契约中的条款直至终止和退出契约所付出的费用，即解决契约本身所存在的一切问题付出的费用为事后费用。Eggertsson（1990）将交易费用划分为市场型交易费用、管理型交易费用和制度型交易费用三项，指的是总的交易费用。他认为，市场型交易费用可分为搜寻潜在合作交易对象、获取市场交易相关信息所支付的费用，协议价格和签订合约所支付的费用，履行签署的合约并监管交易对象所支付的费用；管理型交易费用是维持组织运行所需信息、考核员工绩效的费用等可变交易费用，人力资源管理、信息技术更新等维持或改变组织设计所支付的费用；政治型交易费用与管理型交易费用类似，是用来为集体行动提供公共产品所产生的费用，包括建立规制管理架构的正式与非正式政治组织所支付的费用，立法、国防、司法等政体运行所支付的费用。张五常（1999）将交易费用界定为包括信息交易费用、监督管理费用和由制度结构改变引起的费用三类，其认为现实世界中由于交易费用的产生才出现了制度，交易费用亦可称为制度成本。

尽管学术界对于交易费用分类的标准不尽一致，但实际上交易费用就是指发生在交易前、交易过程中或交易结束后所支付的总的费用。市场机制的运行必然产生交易费用，当通过市场机制交易所需付出的费用很高时，企业就会出现，通过降低信息不对称性、控制机会主义行为、进行有效监管等手段降低交易费用，将市场交易内化于组织内部，形成企业竞争优势。

2. 交易费用与有效治理

Williamson 将影响交易费用的因素划分为人的因素和交易因素。其中，人的因素包括有限理性（Bounded Rationality）和机会主义（Oportunism）。人们进行市场经济活动是有动机的，是有限理性下的行为选择。有限理性包含主观理性和认知能力有限两个部分，主观理性是以最小化交易费用为动机，认知能力有限则促进了制度的完善。交易主体的理性是有限的，这是无法规避的现实（Williamson，2005），导致了契约的不完全性。现实中，交易相关主体建立不同类型的中间组织，或选择不同的契约形式，就是为了降低有限理性下的不确定性风险。机会主义行为是交易费用的另一个核心概念。机会主义倾向是在信息不对称的情况下，有专用性资产投入的交易条件下，交易主体通过不正当手段追求个人利益最大化的行为。机会主义者不同于谋求私利者，谋求私利者以追求自身利益最大化为目标，但不会采取欺诈、歪曲事实等行为，而机会主义者为实现最大限度利益时可能会不守信用、隐藏其所持有的重要交易信息，更甚者可能会有意歪曲信息给他人以误导。有限理性和机会主义行为增加了不确定性，提高了交易活动的风险，引起交易费用的增加，也正是因为这样的行为，才使得交易方式的选择成为必然。

交易因素主要包括专业化程度、资产专用性、交易不确定性、交易频率等。1776 年，亚当·斯密在《国富论》中指出，劳动生产率的提高源于分工合作和专业化程度。斯蒂格勒在《分工受市场范围的限制》中进一步对"斯密定理"进行了阐述，其认为"只有当对某一产品或服务的需求随市场范围的扩大增长到一定程度时，专业化的生产者才能实际出现和存在"。亚当·斯密指出，专业化水平的提高可以降低生产成本，但其并没有比较降低的生产成本与增加的交易费用。诺思进行了更深层次的研究，发现分工合作与专业化分工提高了交易费用，从而受制于交易费用的提高。专业化分工同时会带来增加交易费用和降低生产成本两种效应，当所引发的生产费用的降低高于交易费用的增加时，专业化程度会继续提高，而当所引发的生产费用的降低低于交易费用的增加时，专业化程度则会受到阻碍。

资产专用性（Asset Specificity）与沉没成本相关，如果一项资产被用于其他用途损失严重，或被配置给不同使用者，其生产价值损失程度较大时，则为专用性资产，与其对应的为通用性资产。如果交易为通用性资产，市场治理下的管理成本最低，市场自由竞争引发的激励强度最高（威廉姆森，2002）。当交易主体将投资用于特定的交易支付时，这种投资即为专用性资产，专用性资产无法改为他用，一旦进行投资，就可能被"套牢""要挟"或"敲竹杠"，以致产生较高的交易费用，交易费用的上升程度则取决于所签订契约的不完全程度。资产专用性可以引发事前交易的激励反应，还可以引发一系列事后交易的有效治理问题。

资产专用性与机会主义行为导致的交易成本成正比。随着资产专用性的强化，投资者对交易的依赖程度显著提高，其所带来的交易成本随之增加，需要加强管理协调。一旦建立专属的治理部门，虽然管理成本增加，但是可以抵消由机会主义行为所引发的专用资产投资损失，所以总交易成本还是降低的。资产专用性与有效治理结构的关系如图 2 - 3 所示，横坐标

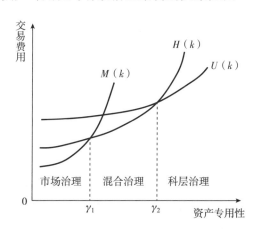

图 2 - 3　资产专用性与有效治理结构的关系

表示资产专用性，纵坐标表示交易费用。当 $0 < \gamma < \gamma_1$ 时，采取市场治理结构能够实现交易费用最小化；当 $\gamma_1 < \gamma < \gamma_2$ 时，采取混合治理结构能够实现交易费用最小化；当 $\gamma > \gamma_2$ 时，采取科层治理结构可以实现交易费用最小化。

交易的不确定性（Uncertainty）是普遍存在的，并且存在于整个交易过程中，交易主体的有限理性、信息的不对称性、不可预测的偶然事件、行为的不确定性，都可以引发交易的不确定性，从而影响交易费用。不确定性与契约的完全程度相关，其在不同的协调方式中对交易的约束程度是不同的。在不存在机会主义的情况下，不确定问题可以通过协议加以控制。现实中，由于机会主义的存在，交易过程中交易主体不可能预测无序行为引发的事件，合理设计契约，以保证事件发生时交易方之间可以进行谈判协商，保障交易继续进行直至完成，这势必会增加谈判协商的次数，从而导致交易费用的增加。在市场治理结构中，交易主体可以结成新的合作伙伴关系，自由竞价可以降低机会主义行为的损失，不确定性对交易的影响有限；在混合治理结构中，交易主体则需要重新谈判协商，完善契约条款，调整交易内容，交易治理成本显著增加，不确定性对混合治理影响较大；在科层治理结构中，由于交易主体形成了纵向一体化，处于一个经营管理系统下，层级可以通过企业内部规制及时做出调整，无须进行重复性的谈判，所以不确定性对交易的影响小于混合治理结构。混合治理结构条件下，如果交易的不确定性达到一定程度，其可能被市场治理结构或科层治理结构所取代。

除了考虑专业化程度、资产专用性和不确定性外，建立专门的治理结构还需考虑交易频率。交易频率顾名思义是指同类交易重复发生的次数。从一般意义上讲，交易的边际成本呈下降趋势，交易频率越高，每笔交易的平均成本就越低。交易频率较高，专门治理结构设立和维护的平均成本均摊费用较低；如果交易频率较低，在其他条件不变的情况下，设立专门治理结构的成本很难得到补偿。一般情况下，交易资产专用性越强、不确定性越大、交易频率越高，设立专门治理结构的经济性越强。

交易费用理论为新制度经济学理论的发展奠定了基础，也是本书研究的重要理论工具。交易费用发生在农业生产、经营管理和运输销售纵向协作的全过程中，为工商资本投资农业开展和深化纵向协作提供了理论依据。

本书结合交易费用测量的相关研究，阐述研究了不同程度的协作对农户绩效的影响。

四、委托代理理论

1. 道德风险与激励契约设计

委托代理理论主要是通过委托人设计的相应机制监督、约束与激励代理人，驱使代理人和委托人利益趋同。委托代理关系中最常见的委托代理问题是代理人不以委托人利益最大化为目标，甚至做出损害委托人利益的行为（吴强，2017）。产生委托代理问题主要有信息不对称、委托人和代理人利益目标不一致两个原因。信息不对称主要指在委托代理关系中，执行的代理人掌握更多的交易相关信息，具有信息优势。信息不对称是代理人不以委托人利益最大化为目标，甚至损害委托人利益的必要而非充分条件（袁庆明，2019）。

道德风险也称事后信息不对称，一般来讲，是指代理人凭借事后信息的不对称性、不确定性和契约的不完全性而采取的损害委托人利益的机会主义行为。在实践中，契约签订后，委托人无法直接观察和监督代理人的行为，其获得的代理人的信息是不完全的，代理人如果偏离委托人的利益是很难被发现的。这时，如何设计一种机制防止道德风险这种机会主义行为的发生则是代理合约设计理论研究的主要内容。考虑到研究的视角，以信息不对称为例，即委托人不能有效监管代理人努力水平的情况。

假设委托人观察不到代理人的努力水平，其只能获得相关收益情况，委托人聘用代理人给予一定的报酬，且在聘用代理人时已经给定报酬结构（激励契约）。第一种情况：委托人支付给代理人固定工资，这种报酬结构称为工资合同。这种情况下，代理人的收入并没有与最终收益挂钩，代理人努力工作的动机不足，不愿付出更多的努力，其会选择一个等于零的努力水平。第二种情况：代理人可获得减去一定收益额度后的全部利润收益，一定收益额度是双方约定好的，这种报酬结构称为租金合同，此时，代理人就有动机努力工作，获得最大的利润收益。工资合同和租金合同的区别在于：一是报酬分配方面，上述已经提及；二是风险承担方面，工资合同下，委托人承担了全部的风险，而租金合同下，代理人承担了全部的风险。选择什么样的报酬结构，取决于委托人和代理人对风险的态度。在多数委托代理模型中，委托人被假设为风险中立者，代理人则被假设为风险规避者或中立者。

当委托人为风险中立者，而代理人为风险规避者时，代理人只有在承担的风险可以带给他更多补偿的时候，才愿意签订租金合同。

如图 2-4 所示，曲线 l 为代理人的无差异曲线，假设代理人有选择工作的权利，ω 为没有风险条件下的工资收入，如果委托人雇佣代理人需要签订合同，并支付代理人 ω 工资水平。假定代理人有同样的无差异曲线，直线 m 说明了预期收益和承担风险之间的关系（假定为直线关系）。可以看出，代理人承担的风险越高，代理人努力工作的动力越大，预期收益则越高。如果代理人选择工资合同（不承担风险），预期收益为 U_3，如果委托人给代理人的工资低于 ω，代理人将不接受工资合同，委托人此时的最大收益为 M_3。如果代理人选择租金合同（承担所有的风险），预期收益为 U_1，委托人可获得租金 M_1。如果委托人收取的租金较高，代理人就不会接受合同。委托人在代理人无差异曲线 l 上选择 Q 点实现预期收益最大化，Q 点处，代理人承担了部分风险（R_2）而不是全部风险（R_1）。为了使代理人尽最大努力，委托人要给予一定的激励，而此时代理人也必须承担一定的风险。代理人承担风险的条件是认为其所承担的风险会得到更高的预期收入作为补偿。对委托人而言，最优的激励契约应是代理人和委托人之间的风险转换。如图 2-5 所示，代理人的风险承担为 R_2，委托人的风险承担为 $R_1 - R_2$。

如图 2-5 所示，曲线 x 代表委托人可观察代理人的努力水平下的解决方案，也可称为最优解决方案；曲线 y 代表委托人不可观察代理人的努力水平下的解决方案，也可称为次优解决方案。El_1 是代理人愿意接受的最低效用水平，在委托人不能观察代理人努力水平的情况下，委托人可得到 EP_1 的效用水平；在委托人可观察代理人努力水平的情况下，委托人可获得 EP_2 的效用水平。两者的距离代表委托人由于不能观察代理人的努力水平而降低的预期效用。由此可知，在信息不对称的情况下，委托人的预期效用会降低。

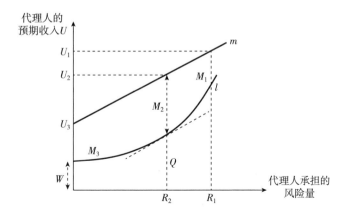

图 2 - 4　委托代理理论中激励和风险承担的交替换位

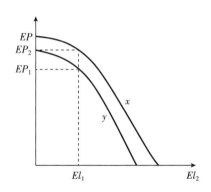

图 2 - 5　最优解决方案与次优解决方案

2. 工商资本投资农业合作过程中的委托代理关系

以工商企业和农户委托代理关系为例进行分析。在工商企业与农户委托代理关系中，委托人工商企业面临的问题是如何监督和激励农户生产有机和绿色农产品，保证产品质量，完成农产品交易，以实现收益最大化（李志方和陈通，2015）。农户的生产目的是在保证农产品质量和数量的前提下，获取更多的溢价分红。做出如下假设：

假设 1：工商企业以资本投资形式与农户合作，工商企业和农户都是独立的利益主体，两者的目标是实现自身收益最大化。

假设2：交易产出 π 取决于农户的努力程度 a（$0 < a < 1$）和外界的随机因素 ε，$\pi = a + \varepsilon$，满足 $E\varepsilon = 0$，$D\varepsilon = \sigma^2$。

假设3：在农产品供应链系统运行过程中，工商企业要对农户的行为进行监督管理。假设工商企业的监管强度为 θ，θ 可由工商企业与农户的风险规避（道日娜，2011）来表示，$\theta = \dfrac{1 - \delta_h}{1 - \delta_c \delta_h}$，其中，$\delta_h$ 为农户风险规避度，δ_c 为工商企业风险规避度，$\dfrac{\partial k}{\partial \delta_c} > 0$，$\dfrac{\partial k}{\partial \delta_h} < 0$，表明监管强度随工商企业风险规避度的提升而提升，随农户风险规避程度的提高而降低。

假设4：在农产品交易过程中，工商企业对农户的收益克扣为 r。

假设5：农户的努力成本为 $C_h(a, r)$，努力成本随着努力程度提升而增加，$C'_h(a) > 0$，$C''_h(a) > 0$，努力成本函数 $C_h(a, r) = \dfrac{b}{2}(a + r)^2$，其中 b 为农户努力成本系数，$b > 0$。

假设6：工商企业对农户的监管成本为 $C_c(\theta)$，监管成本是工商企业监管强度指数 θ 的函数，表示为 $C_c(\theta) = \dfrac{e}{2}\theta^2$；$e$ 为工商企业监管的成本系数，且 $C'_c(\theta) > 0$，$C''_c(\theta) > 0$。

假设7：工商企业与农户签约采购农产品，其激励合约为 $V(\pi) = \alpha + \beta\pi$。其中，$\alpha$ 为工商企业对农户的固定投资部分，为农户的固定收入；β 为工商企业对农户的激励强度，即农户争取到的盈利分红和溢价分红。

假设8：假定工商企业有承担市场风险的能力，具有风险中性倾向，所以其期望效用等于期望收入；农户具有风险规避倾向[1]，其期望效用等于确定性收入。

假设9：遵循 Holmstrom 和 Milgrom（1987）对双重代理关系中第一层代理方效用函数的定义，假定农户的效用函数是具有不变绝对风险规避特征的效用函数，即 $\mu = -e^{-\rho\omega}$，其中，ρ 为阿罗—普拉特风险规避度，预期效用函数 μ 越凹，也就是 ρ 越大，代理方对风险规避的意愿越发强烈；ω 为代

---

① 风险规避用来解释在不确定情况下相关主体的行为。农户作为代理方具有风险规避特征意味着其在接受一个有不确定的收益交易时，相对于另一个更保险但也可能具有更低期望收益的交易的不情愿程度。

理方实际获得的货币收入。

委托方（工商企业）的效用函数为：

$$U_c(\pi) = \pi - V(\pi) - C_c(\theta) + r = \pi - \alpha - \beta\pi - \frac{e}{2}\theta^2 + r \qquad (2-1)$$

委托方期望收益为：

$$EU_c = EU_c(\pi) = (1-\beta)a - \alpha - \frac{e}{2}\theta^2 + r \qquad (2-2)$$

代理方（农户）实际收入为：

$$\omega = V(\pi) - C_h(a, r) \qquad (2-3)$$

$$\omega = \alpha + \beta\pi - \frac{b}{2}(a+r)^2 \qquad (2-4)$$

代理方确定性等价收入为：

$$EU_h = E\omega - \frac{1}{2}\rho\beta^2\sigma^2$$

$$= \alpha + \beta a - \frac{b}{2}(a+r)^2 - \frac{1}{2}\rho\beta^2\sigma^2 \qquad (2-5)$$

对于任意给定的支付合同 $V(\pi)$，代理方可以找到一个最优的努力水平 a，最大化确定性等价收入。

基于以上分析，研究构建工商企业与农户的委托—代理模型为：

$$\max EU_c = \max\left[-\alpha + a(1-\beta) - \frac{e}{2}\theta^2 + r\right] \qquad (2-6)$$

s. t.

$$EU_h = \alpha + \beta a - \frac{b}{2}(a+r)^2 - \frac{1}{2}\rho\beta^2\sigma^2, \ \omega \geqslant \omega_0 \qquad (2-7)$$

对农户的努力程度 a 求一阶导数，得：

$$\beta - b(a+r) = 0 \Rightarrow a^* = \frac{\beta}{b} - r \qquad (2-8)$$

农户接受代理时的固定收入至少应达到的水平为：

$$\alpha + \beta a - \frac{b}{2}(a+r)^2 - \frac{1}{2}\rho\beta^2\sigma^2 = \omega_0, \ \omega = \omega_0 \qquad (2-9)$$

得：

$$\alpha = \omega_0 + \beta r - \frac{1}{2}\frac{\beta^2}{b} + \frac{1}{2}\rho\beta^2\sigma^2 \qquad (2-10)$$

$$\max EU_c = \max\left[\; -\alpha + a(1-\beta) - \frac{e}{2}\theta^2 + r\right]$$

$$= \max\left(\; -\omega_0 - \frac{1}{2}\rho\beta^2\sigma^2 - \frac{\beta^2}{2b} + \frac{\beta}{b} - \frac{e}{2}\theta^2\right) \qquad (2-11)$$

对 β 求偏导，可以得到工商企业对农户最优激励强度，解得：

$$\beta^* = \frac{1}{1+b\rho\sigma^2} \qquad (2-12)$$

在工商企业实现收益最大化的情况下，农户的努力水平与工商企业克扣农户的收益、农户成本系数呈负相关关系，与工商企业对农户的激励强度呈正相关关系；工商企业对农户的激励强度与农户努力成本系数、农户风险规避系数呈负相关关系。工商企业在与农户交易过程中的收益截留越多，农户生产积极性越低，努力程度越低；农户努力协调成本系数越大，努力成本就越大，努力程度越低。随着农业组织化的发展，农户作为独立的行为主体，增加合作收益是其最朴素本质的目的，当其感知到农业生产付诸的行动所得的大部分利润被出资比例较大的工商企业攫取，其公平感就会下降，当感知不公平程度大于工商企业的正向激励时，正向激励效应可能就会失效，机会主义等投机行为就会频发。模型中，工商企业根据外部环境的不确定性选择最优激励强度 β，以期与农户合作，获得最优产出。实践也证明了这一结论，农户作为嵌入农业产业链的参与主体，是生产主体，农户的合作性努力对提高农业产出的数量和质量有关键性作用，工商企业对农户的正向激励强度将会给整个农业产业链协调发展带来重要影响。

第三节　工商资本投资农业纵向协作研究的逻辑框架

工商资本投资农业开展纵向协作本质上是农地产权结构的重构，是农村土地制度变革的外在化，可细分为权能结构和权益结构。所有权、承包权和经营权三权分置是农地产权权能结构的变化，其影响了权益的实现。

本书重点考虑的是权益结构，研究的目的是工商资本投资农业过程中协作主体如何建立和维护程度更深入、更紧密的纵向协作，实现纵向协作的长期稳定发展，核心问题就是利益联结问题，换句话说，就是要完善工商资本投资农业过程中保障协作主体利益诉求实现的制度安排，分析框架如图2-6所示。

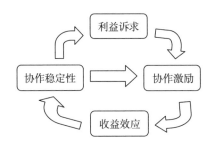

图2-6　工商资本投资农业纵向协作研究的框架

博弈理论认为，过于贪婪的利益索取，虽可能在单次合作中得到较大的合作收益，但今后的合作中难以觅得合作伙伴，合作达成的机会将降低；而太多的利益让步，虽会使合作达成，却降低了合作的收益，这两种情况均不利于合作收益最大化目标的实现。最有利于个体适存性的合作行为一定是那种能够最佳平衡合作机会与合作收益的行为。纵向协作是各经济主体之间实现资源互补以创造更高的合作收益绩效的一种资源组合方式。工商资本投资农业的过程中，纵向协作的开展蕴含了巨大的潜在收益。农户加入农民专业合作社，通过组织化提高了弱势农户在谈判中的地位，农户在协作谈判中的议价能力提高，联合销售农产品的获利空间扩大。成本的降低主要有以下渠道：相对于外部主体与农户之间的谈判，组织化面临的信息不对称要小得多，农户与外部市场之间信息不对称的降低可以节约谈判成本；通过组织化降低外部主体获取农户信息的难度或产品质量的监督成本；通过工商企业与市场建立稳定的销售渠道锁定买方市场，以及开拓新的销售模式，降低市场风险，进而降低由于信息不对称造成的违约成本；通过引进技术或改善生产标准，提高产品质量，生产绿色农产品和生态农产品，并对产品进行包装或精深加工，以减少农产品流通环节的交易成本；

通过农民专业合作社统一购买和供应农资、技术、农机、信贷等投入品进而节省交易成本等。资源的优化配置增加了纵向协作的获利空间，这些均构成了潜在的合作收益来源。

工商资本投资农业过程中，工商企业、农户、农民专业合作社等协作主体的利益诉求是在科学交往实践中形成的，利益诉求的实现被视为一种价值标准，其潜意识里规范协作主体的求利活动，督促其朝着合法化和合理化的方向发展。工商企业、农户等协作主体都有自己的利益诉求。一方面，纵向协作达成与否主要在于各方利益、责任、义务等的谈判，利益的合理均衡必然向实现合作收益目标靠拢。小农户也是理性经济人，实现合作收益最大化是其参与纵向协作的利益诉求。农产品生产、加工与销售环节利益分配的不均衡使得农户利益诉求无法完全实现，严重影响了农业产业链源头农户生产的积极性，损害了生产环节主体利益，影响了农业产业链的纵深发展。只有完善纵向协作的利益联结，协调好农业产业链各环节主体之间的合作收益分配，使得农户看到实惠，才能实现纵向协作的深入发展。另一方面，契约的合理性在现实中也是契约能否严格履行的保障。契约中对某方权益约定的不合理、不公平都会在具体的履约中产生纠纷，契约的效力在具体社会环境下无法对各方特别是对农户产生真正的约束。工商企业引导农户加入纵向协作的过程中，农户的机会主义动机更强，违约行为难以被准确识别，这是因为农户数量众多，工商企业监督农户履行合同的难度较大。例如，当市场价高于合同价时，农户倾向于在市场上直接销售其大部分农产品，而仅仅向工商企业交付少量产品，并声称灾害等种种原因导致其实际产量很低，工商企业难以调查取证；当市场价低于合同价时，农户为获取更多收益，可能会从市场上购买农产品，并要求工商企业按照合同价予以全部收购。由于农户经营规模较小，与工商企业的交易量十分有限，即便农户违约了，工商企业起诉农户往往也是一种得不偿失的做法，因为胜诉获得的赔偿较少，而工商企业调查取证需要付出费用，起诉农户也需支付一定的诉讼费。因此，工商企业与农户签订的合同对农户行为的约束力较为有限，特别是当工商企业与农户签订的合同条款较为简略，双方间的协作关系较为松散时更是如此。风险与收益应该对等，所以承担较大经营风险的工商企业对合作利益的公平分配诉求也较为强烈。

利益诉求的实现表现为协作主体合作收益的实际增长，工商资本投资农业合作收益中价值链增值收益的索取权和收益分配等报酬结构是利益诉求实现的具体体现。只有保证各主体参与协作时均获得高于不参与协作时的收益，使得双方均能从中受益，实现帕累托改进，才能激发主体持续深入协作的积极性，所以各方利益诉求的实现过程是决定合作能否达成及建立长期稳定关系的关键。有效的协作激励使得工商企业、农户和农民专业合作社等协作主体建立紧密的利益联结，激励人们采取最优努力水平，减少交易过程中的行为风险和道德风险，形成长期的互利互惠，从而有效激发工商企业与农户等主体开展纵向协作。进一步地，在频繁的博弈互动下，协作主体之间逐渐建立了信任，战略联盟协作程度越高，协作主体之间的信任起到的关键作用越强。Hosmer 认为，信任是"个体或组织对于另一方会尊重和保护所有参与方或经济交易其他各方的利益的一种信心"（余国新，2009）。一旦建立起来较高的信任度，协作主体的行为可以预测，收益预期稳定，机会主义行为减少，承受风险的能力增强时，就可能给协作主体带来更多的合作收益，更有效地实现利益诉求，开展更深层次的纵向协作。

第三章
工商资本投资农业纵向协作的
历史流变与现实困境

　　首先，本章根据文献研究资料回顾了我国工商资本投资农业的阶段性沿革，以及新时期工商资本投资农业的合作动因；其次，梳理了目前工商资本投资农业纵向协作的模式；最后，对实践中我国工商资本投资农业存在的主要问题进行归纳。本章属于"提出问题"部分，为以"问题意识"为切入点的分析做铺垫。

第一节　我国工商资本投资农业的阶段性沿革

　　1978年以前，我国实施重工业优先发展战略，农业实行人民公社制和农产品统购统销制度，目的是为重工业优先发展提供资本积累。这种通过行政指令性计划安排强制从农业过度获取资本积累的方式，严重扭曲了要素优化配置，阻碍了农业生产力的提高和农业自身的资本积累。在农业投入方面，国家财政实行统收统支制度，前七个五年计划期间，用于农业基本建设投资的比例呈逐年下降趋势，这反映出农业的实际资源配置地位。改革开放后，农业资本不足以倒逼工业"反哺"农业。

　　我国工商资本投资农业始于农业产业化经营。随着农村家庭联产承包责任制的实施和农产品统购统销制度的退出，一些发达地区开始探讨农工商一体化经营。这种经营方式的特点是以市场化为导向，以龙头为引领，以经济效益为中心，将农业产前、产中、产后各环节相联结，把分散的小农户联结起来进行专业化生产，形成"风险共担、利益共享"的农业企业经营机制，以实现资源优化配置和提高农业生产效率。数据显示，1978～1998年，从事非农产业的乡镇企业或工商企业向农业提供了1696亿元资金"补农建农"（姜春云，2000）。以20世纪90年代为分界线，在这之前工商资本基本不能直接参与农业生产经营，在这之后随着政策导向的逐步变化、农村投资环境的改善和土地制度的变革，工商资本投资农业的步伐逐渐加快，向农业产业链各个环节不断拓展。在20多年的发展历程中，我国工商资本投资农业主要经历了三个阶段：有条件地限制工商资本投资农业阶段、工商资本投资农业政策引导阶段和工商资本投资农业制度完善阶段。

一、有条件地限制工商资本投资农业阶段（1991～2001年）

1991年10月28日发布的《国务院关于加强农业社会化服务体系建设的通知》提出，在政策许可的前提下，鼓励农产品加工企业与原材料产地直接对接，围绕拳头产品发展贸工农一体化、产供销一条龙的服务组织，在企业与集体经济组织、农户之间通过合同方式结成利益共同体，形成稳定的供求关系。1993年11月发布的《中共中央、国务院关于当前农业和农村经济发展的若干政策措施》、1996年6月发布的《国务院办公厅关于治理开发农村"四荒"资源进一步加强水土保持工作的通知》也对相关内容做出了指示。2001年12月，《中共中央关于做好农户承包地使用权流转工作的通知》再一次强调，不提倡工商企业长期、大面积租赁和经营农户承包地，对工商企业投资农业的领域和范围加以限制，指出工商企业投资农业应该主要从事产前、产后服务和"四荒"资源开发。这一阶段，由于政策和法律的限制，我国工商资本投资农业的主要领域在产前生产资料、产后农产品加工和农副产品流通领域，工商企业并没有直接介入农产品生产环节。

二、工商资本投资农业政策引导阶段（2002～2011年）

随着2002年《中华人民共和国农村土地承包法》（以下简称《农村土地承包法》）的颁布，农村土地流转政策稳步推进，工商资本投资直接经营农业生产，其引进的先进农业生产经营管理方式促进传统农业向现代农业发展得到了实践检验。2002年12月《中华人民共和国农业法》明确引导和支持企业与农民及其合作组织合作，从事农产品一体化经营管理，工商资本投资农业的合法地位得到了法律的认可。2007年1月的《中共中央、国务院关于积极发展现代农业扎实推进社会主义新农村建设的若干意见》和2008年10月的《中共中央关于推进农村改革发展若干重大问题的决定》都明确鼓励各类工商企业与农民建立紧密的利益联结机制，提高组织化程度，引导现代农业生产要素向农村流动。这一阶段，随着工商资本投资农业合法地位的确立和政策的引导，我国工商资本投资农业、经营现代农业的脚步明显加快，农业生产经营逐步向规范化发展。

三、工商资本投资农业制度完善阶段（2012年至今）

2012年3月，《国务院关于支持农业产业化龙头企业发展的意见》指出，鼓励农业产业化工商企业带动农户发展专业化、标准化、规模化、集约化生产。2013年中央一号文件首次提出鼓励城市工商资本到农村发展，随后，为解决部分工商资本经营管理不善、农民土地租金给付不及时、土地"非粮化""非农化"等问题，2014年中央一号文件将政策调整为，号召探索建立工商企业流转农业用地风险保障金制度，严格限制农用地非农化。进一步地，为有效地规范工商资本，2015年中央一号文件指出，要加快研究制定工商资本租赁农地的准入和监管办法，构建制度体系，以防止农地用途改变。2016年中央一号文件在之前基础上提出完善工商资本租赁农地风险防范机制，并将经验制度化。2017年以来，工商资本投资农业开始进入制度完善化阶段。此后连续三年的政策突出以人为本，强调保护相关主体合法权益。例如，2018年中央一号文件提出，制定工商资本参与乡村振兴的指导意见,在政策领域要给予积极扶持,保护好农民利益;2020年中央一号文件提出,要保护好工商资本企业家合法权益。这一阶段,工商资本投资农业的制度安排从被动的适应调整为主动的政策设计,一系列制度设计吸引了工商资本投资农业。

根据农业农村部的相关统计资料,2012~2014 年我国农村土地承包经营流转入企业的承包地面积年均增速超过 20%①。如表 3-1 所示,2009~2018 年,随着我国家庭承包耕地流转总面积的增长,流转入企业的面积比重由 2009 年的 9.21% 增长至 2018 年的 10.31%。2018 年,我国家庭承包耕地流转总面积为 53902.03 万亩,从流转入主体看,流转入农户的面积为 30816.94 万亩,流转入农民专业合作社的面积为 12111 万亩,流转入企业的面积为 5557.98 万亩,流转入其他主体的面积为 5413.74 万亩。无论是耕地流转入企业的总量还是所占比重均呈上升态势,工商企业在农地流转中的作用日益突出。

表 3-1 2009~2018 年我国农村土地承包经营流转入不同主体
面积比重的变化趋势 单位:%

年份	流转入农户的面积比重	流转入农民专业合作社的面积比重	流转入企业的面积比重	流转入其他主体的面积比重
2009	71.71	9.21	9.21	9.87
2010	68.98	11.76	8.02	11.23
2011	67.98	13.60	8.33	10.09
2012	64.75	15.83	9.35	10.07
2013	59.41	20.00	10.59	10.00
2014	58.31	21.84	9.68	10.17
2015	58.84	21.70	9.40	10.07
2016	58.46	21.71	9.60	10.23
2017	57.62	22.66	9.76	9.96
2018	57.17	27.71	10.31	10.04

资料来源:2009~2018 年《中国农村经营管理统计年报》。

① 国宏高端智库. 工商资本下乡用地的困境、风险与出路[EB/OL]. (2009-05-28). https://www.sohu.com/a/317121173_692693.

第二节　新时期工商资本投资农业的动因

社会主义市场经济条件下，市场对资源配置起决定性作用，将市场经济融入农业生产的各个环节，如生产、经营、流通环节，引导农业生产向符合市场要求的方向发展，通过市场机制配置资源，建立良好的供需关系是市场经济发展的必然要求。资本等生产要素在不同产业间流动，服从市场微观经营主体利益最大化原则，经济体则在市场微观经营主体选择中获得整体利益的帕累托改进和均衡。当前，我国农业生产面临着严峻挑战，国际方面，随着农业生产投入成本的持续增长，农业低成本优势消失，国内外农产品价格全面"倒挂"，我国农产品进口急剧攀升，出现成本高、库存高、进口高的问题，国际竞争力薄弱；国内方面，我国农产品供求处于紧平衡状态，农产品价格持续上涨，主要农产品价格涨幅明显高于同期居民消费价格涨幅。更值得关注的是，我国人口以每年新增650万的速度增长，加上居民食物消费结构的转变，农产品需求快速增长的趋势仍会持续相当长一段时期。工商资本从非农部门流向农业部门是我国经济发展阶段转变、向现代农业转型、农业要素配置关系变化、政策红利等共同作用的结果，有其必然性。

一、产能过剩输出和资本避险需求

等量资本投入不同的部门获利不同，投入不同的产业链条环节获利也不同，获利的多少取决于资本数量和利润率，更为直接地取决于剩余价值率、资本周转、资本有机构成、不变资本的节约等影响因素。资本总是从利润低的部门或产业流向利润高的部门或产业。市场经济条件下，生产要素自由流动，作为市场主体的企业，依据价格信号决策生产经营，进而实现资源优化配置。随着工商部门的竞争加剧，资本转向农业部门的内在需求增加，可行性也在不断增强。

近年来，一些工业部门产能供给过剩，迫切需要转移资本。按照国际标准，产能利用率低于八成即为过剩。中国统计局数据显示，2019 年全国工业产能利用率为 76.6%，比 2018 年上升 0.1 个百分点（如表 3 - 2 所示）。较高的投资率导致资源错配，引发了产能供给过剩问题，不仅传统产业产能供给过剩，新兴产业产能也出现不同程度的供给过剩问题。产能过剩比较严重的行业的利润率也比较低，迫切需要转移资本等生产要素，投资

表 3 - 2　2019 年工业产能利用率　　　　　　单位：%

行业	产能利用率	比上年同期增减
工业	76.6	0.1
其中：采矿业	74.4	2.5
制造业	77.1	0.2
电力、热力、燃气及水生产和供应业	72.1	-1.3
其中：煤炭开采和洗选业	70.6	0.0
石油和天然气开采业	91.2	2.9
食品制造业	72.9	-2.4
纺织业	78.4	-1.4
化学原料和化学制品制造业	75.2	1.0
医药制造业	76.6	-1.0
化学纤维制造业	83.2	1.4
非金属矿物制品业	70.3	0.4
黑色金属冶炼和压延加工业	80.0	2.0
有色金属冶炼和压延加工业	79.8	1.0
通用设备制造业	78.6	1.3
专用设备制造业	78.8	-0.3
汽车制造业	77.3	-2.5
电气机械和器材制造业	79.4	1.4
计算机、通信和其他电子设备制造业	80.6	1.2

资料来源：国家统计局网站。

农业成为工商企业化解产能过剩的一种现实选择。此外，当前宏观经济进入新常态，增速放缓，房地产、资源型产业、高端餐饮业等行业降温，这种背景"倒逼"工商资本寻找新的利润增长点。而传统成熟行业竞争激烈、发展空间有限，现代农业作为新兴产业，需求稳定，抗周期性强，发展空间相比一些投资敏感的行业稳定安全，这亦为工商资本投资农业提供了空间。

二、现代农业价值链条的拓展和要素关系优化

美国学者西奥多·舒尔茨（Theodore W. Schultz）曾经指出，中国传统农业可能是贫乏的，但其效率是很高的，小农作为"理性经济人"毫不逊色于资本主义企业家（"建设社会主义新农村目标、重点与政策研究"课题组和温铁军，2009）。他所强调的我国传统农业经济的特点就是一家一户小规模的、重体力劳动的精耕细作。然而，这种传统农业生产已不适应我国农业生产力的发展。随着经济的发展，人们消费理念也发生了改变，居民消费结构升级，对绿色、生态、有机农产品的需求逐渐提高，对农产品精深加工水平提出了更高的要求，农产品产业链技术升级面临挑战。农村劳动力大量转移，未来的农村劳动力投入量会随着城镇化和工业化的推进继续呈下降趋势。就劳动力而言，在人口红利逐渐消失的同时，对劳动人口素质的要求逐步提高，人力资本提升带来了人才红利。为应对劳动力减少带来的不利影响，资本与技术生产要素的流动更是以前所未有的方式为农业生产要素的优化组合提供有效支持，进而形成了现代的农业生产经营活动。现代农业制度要求建立以市场经济为导向的农业生产要素投入机制，将现代农业制度与农业规模经济相结合，实现农业资源的最优化配置。现代农业生产需要生产理念、生产方式、生产技术和经营方式的现代化，具体来讲，需要对土地统一规划、连片生产经营，需要大型农机具机械化操作、信息化管理，需要先进科学自动化的农业生产技术，需要合同、担保等现代化管理制度。相对于传统农业，现代农业是一种开放的农业形态，农业功能形态和产业链条不断延长和拓展，突破了传统种养殖业的生产环节，形成产加销、三产融合发展的大农业，资本报酬率大幅提高，特别是快速发展的生态农业、绿色农业、有机农业、休闲农业等领域，附加值较

高，回报较快，利润率较高，成为工商资本投资农业的重要领域。工商资本投资又进一步推动了现代农业发展，不仅有效地促进了农业物质资本积累，还改变了其他生产要素的数量和质量（任晓娜和孟庆国，2015），如对土地培肥、灌溉条件等方面的投资可以提高土地质量和土地生产能力。投资也是新技术引进的载体，资本投入增加带动农业劳动生产率的提高（曾博和李江，2017）。

三、农业用地规模经济效应和资本回报率的提升

土地产权结构的调整一直是农村经济体制改革的主线之一，在土地集体所有保持不变的前提下，土地所有权、承包权和经营权分开，极大地调动了农民的积极性，促进了农业生产力的发展，之后土地承包年限的延长，土地承包关系稳定并且长期不变政策的确立，更是提高了农民的生产积极性（李菁和颜丹丽，2011）。然而，随着生产力的进一步发展，农业发展进入集约化和现代化发展阶段，土地流转和适度规模经营已成为发展现代农业的重要路径。2003 年 3 月实施的《农村土地承包法》规定："通过家庭承包取得的土地承包经营权可以依法采取转包、出租、互换、转让或者其他方式流转。"土地承包经营权流转应当遵循平等协商、自愿、有偿及不得改变土地所有权的性质和土地的农业用途等基本原则，流转的收益归承包方所有。这些法律规定为农村集体所有土地流转提供了法律依据。受中央政策指导力度加大等因素的影响，近几年，工商企业直接租赁农户承包地增长较快，虽然直接租赁农户承包地的比例还不高，但流转面积每年高速增长。数据显示，2012 年流转入企业的土地面积比上年增长34%，2013 年在 2012 年的基础上又增长了 40%。2014 年末，工商企业转入的农地面积为 3882.5 万亩，2015 年流入企业的农户承包地面积达4600 万亩。截至 2018 年底，全国家庭承包耕地流转总面积 53902.03 万亩，占耕地面积的 33.8%，农地流转的规范化程度逐步提高，共签订耕地流转合同 5677.6 万份，合同签订率为 67.8%。从耕地经营规模结构看，规模经营耕地 10 亩以下的农户数仍占主体，2018 年全国约为 2.3 亿户，30 亩以上的农户数为 1143.8 万户。农地大规模流转集中了土地资

源，实现了农地集中连片规模化种养，改变了原有的规模不经济问题，生产规模达到一定程度后，管理成本下降，增加了由内部规模经济带来的利润（周敏、雷国平和李菁，2015）。

四、政策和制度调整的边际激励

随着农村土地制度改革的深化和农村基本经营制度的完善，新一轮农村改革进入深水区，党的十九大报告首次提出实施乡村振兴战略，2018年中央一号文件又对实施乡村振兴战略进行了全面部署，其中专门提到依靠"投资兴业"的方式服务乡村振兴事业，并且明确表示会"加快制定鼓励引导工商资本参与乡村振兴的指导意见"。乡村振兴战略的实施对工商资本投资农业提出了新的要求，如何引导和鼓励工商资本投资农业，如何整合现代农业生产要素，发挥工商资本的杠杆作用，成为当前热议的问题。早在20世纪80年代，我国就有了工商资本投资农业的萌芽，但由于收益不尽如人意和政策受限，没有发展起来。20世纪90年代中后期，随着农村经济的发展和农业产业化的不断推进，农产品的市场需求不断升级，小规模家庭生产经营与大市场之间的矛盾日趋突出，为了解决小农户与大市场之间的矛盾，工商资本投资农业开始出现。2002年《农村土地承包法》的颁布，明确了农村土地所有权和承包经营权的两权分离，允许农村土地承包经营权可在不同主体之间流转，之后为了顺应现代农业发展的需要，采取农村土地所有权、承包权和经营权三权分置，为工商资本投资农业创造了条件（曾博，2018）。其后，我国农业制度和国家政策体系的调整产生的制度红利是吸引和鼓励工商资本投资农业的重要原因，党的十八大以来，历年的中央一号文件都涉及相关表述。

这里需要指出的一点是，资本流动有其自身的逻辑和动力，政府政策和制度激励只是资本扩张的助力，如果将工商资本投资农业完全看作是政府政策和制度激励的结果，就忽视了资本本身的经济力量运作机制。

第三节　我国工商资本投资农业纵向协作模式的演变

在工商资本投资农业开展纵向协作的实践中，参与主体对协作模式进行了积极尝试，从工商企业与农户关系的角度看，先后探索出"工商企业＋农户"的商品契约模式和以"工商企业＋农民专业合作社＋农户"为主的农业组织化发展模式，以及围绕这些模式产生的衍生模式。

一、工商资本投资农业初期的"工商企业＋农户"模式及运行机制

党的十八届三中全会首次明确提出，鼓励和引导工商资本到农村发展适合企业化经营的现代种养业。工商资本投资最先进入的农业领域是农产品流通领域，然后扩展到加工领域和生产经营领域。投资初期的"工商企业＋农户"模式通常被称为"订单农业"。工商资本以工商企业角色进入农业，工商企业可在农业产业链下游投资农产品加工业，亦可在上游为农业生产提供技术支持服务。农户主要负责农业生产，为工商企业提供符合要求的原材料。这种合作安排是通过工商企业与分散农户签订短期商品契约建立联系，契约中规定了双方的权利义务关系，"工商企业＋农户"模式的运行机制如图3－1所示。

契约签订主要有两种方式：一种是销售契约，另一种是保护契约。销售契约规定，工商企业向农户提供市场信息、农资供给、技术服务；保护契约则是工商企业与农户签订保护价收购合同，承诺以约定最低收购价格收购农产品。在这一协作模式中，农户仍然作为农业生产基本组织单元，而工商企业与农户缔结商品契约，凭借对市场信息的把握和流通渠道的掌控，为农户提供市场供给需求信息，帮助农户调整生产结构，收购农户的农产品，连接农户进入市场，在保证农户单元利益和生产特点的独立性和

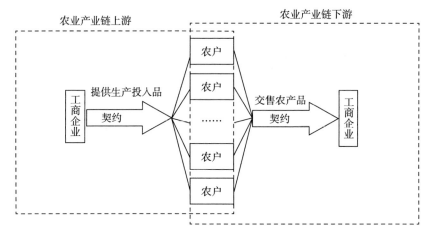

图 3 - 1　"工商企业 + 农户"模式的运行机制

自主性的基础上，实现农副产品市场加工销售的规模性，从而保障双方的利益（曾博，2018）。这种纵向协作模式在一定程度上解决了农业发展中小农户与大市场对接的问题，其衍生模式主要有"工商企业 + 大户 + 农户""工商企业 + 经纪人 + 农户""工商企业 + 乡贤理事会 + 农户""工商企业 + 协会 + 农户""工商企业 + 基层政府 + 农户""工商企业 + 基层政府 + 协会 + 农户""工商企业 + 大户 + 协会 + 农户"。然而，商品契约模式存在一定的限制性，受制于契约约束的脆弱性，无法有效限制机会主义行为的发生。

以"工商企业 + 农户"模式为例，这一协作模式的交易成本主要来自两方面。一是商品契约的谈判、缔结成本。以家庭为单位的农业生产单元是小规模且分散的，工商企业需要投入的交易成本包括信息收集费用、谈判签约费用、仲裁协调费用。二是契约违约成本。由于缺乏资产抵押，法律约束效力不足，农户和工商企业存在着明显的缔约后的机会主义行为倾向，农业外部交易条件的多变性甚至加剧了这一机会主义行为。当农产品市场价格波动强烈，市场价格高于契约中规定的价格时，农户将违反契约约定，将农产品转售给市场，而这时工商企业的原料很难在短期内通过市场交易获得，从而影响企业正常生产，导致利润受损；相反，当农产品市场价格低于契约中约定的价格时，工商企业可能有违约从市场中收购农产品的倾向，使交易无法达成，农户利益受损。在这一合作框架下，单一分散农户的交易量小，交易额度有限，无论双方谁违约，成本为诉讼法院的费用，收益为交易额度，权衡成本和收益，诉讼费用反而较大，所以不论哪方违约，受害方均可能"理性"地选择沉默（曾博，2018）。可以看出，"工商企业＋农户"模式的不稳定性源于契约双方地位的非对称性、契约约束的脆弱性。

二、工商资本投资农业的组织化发展模式及运行机制

20 世纪 90 年代中后期，国家开始引导农户建立农民专业合作社，这里所说的合作社不同于 20 世纪 60 年代到改革开放前为完成社会主义改造而建立的合作社，也不同于 20 世纪 70 年代至 90 年代末由农户发起的成员结构单一、以技术和信息服务为主要目的的松散型合作组织。2007 年，《中华人民共和国农民专业合作社法》正式颁布，此时的农民专业合作社被正式纳入法制化轨道，其将农民专业合作社定义为是在农村家庭承包经营基础上，同类农产品的生产经营者或者同类农业生产经营服务的提供者、利用者，自愿联合、民主管理的互助性经济组织。农民专业合作社的创新发展首先实现的是农民的组织化，成立了能够代表农民利益的组织，这不仅是分散的弱势农户谋求组织化发展的需要，也是作为工商资本下乡的载体的企业发展的需要。组织的功能在于对内协调农户关系，完成土地整合，对外作为土地要素的所有主体，与政府部门和工商资本投资者联系互动，主导或参与生产要素整合（曾博，2018）。一方面，农民专业合作社通过组织内部分工，提高了成员的专业化水平，符合我国现代农业发展的需要；另一方面，农民专业合作社将部分市场外生交易成本通过承担管理成本的方式转化为内部管理成本，其中节约的成本可部分转化为农民的收益，组织化发展模式的运行机制如图 3 - 2 所示。此种纵向协作模式主要有四种类型："企业＋领办型合作社＋农户""企业＋自办型合作社＋农户""企业＋合办型合作社＋农户""自办型企业＋自办型合作社＋农户"①（苑鹏，2013）。

------

① "自办型企业＋自办型合作社＋农户"类型是农户自办农民专业合作社、农民专业合作社自办加工企业模式，农户作为农民专业合作社的所有者，在其经营规模和市场实力增强后，向农业产业链下游延伸，进入农产品加工领域，形成农业产业链纵向一体化这一纵向协作程度最高的模式。农户不仅可以分享农产品生产的销售收益，还可以分享纵向协作一体化后农产品加工全部增值收益。然而，这里的企业是农户自己成立的，不属于工商企业，因此，本书不做深入探讨。

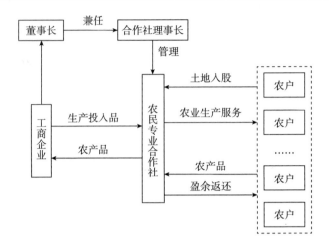

图3-2　组织化发展模式的运行机制

（1）"企业＋领办型合作社＋农户"。工商企业领办农民专业合作社模式是指工商企业作为农产品加工企业组织农户加入农民专业合作社，通过农民专业合作社与农户开展纵向的长期契约关系。这一模式的运作方式是：工商企业提供农产品种养殖品种选择、农产品投入品、生产技术服务指导、产成品回收等生产服务，并将生产计划下达给农民专业合作社，农户只需按照农产品种养殖生产流程进行农产品生产即可。在这一模式下，工商企业拥有农民专业合作社的决策权和合作收益分配权，按照农户提供的农产品数量和质量支付农户劳动报酬，其不但可以获得生产规模效益，还可以有效控制产品质量，提升市场竞争力，但是工商企业也承担了全部的生产经营风险。对于农户而言，农户通过工商企业的技术服务支持，降低农业生产经营费用，将生产经营销售过程中的风险转嫁给了工商企业，不再承担任何风险，拥有了稳定的收入预期。

工商企业领办农民专业合作社模式实质上是"工商企业＋农户"商品契约模式的拓展，在传统的"工商企业＋农户"模式中，工商企业与农户之间是短期契约关系，工商企业通过市场交易方式获得农产品，农产品数量、质量和供货渠道的不稳定给工商企业带来了潜在的风险，甚至可能影响工商企业的正常运转。而工商企业领办农民专业合作社这一模式将短期契约长期化，通过农民专业合作社实现了对农产品货源的有效监督管理，降低了交易费用，一定程度上规避了机会主义行为。工商企业还能够以农民专业合作社的名义申请项目，获得政府补贴、税收优惠政策，降低生产经营成本，获得制度激励收益。而农户只需按照农民专业合作社制度要求缴纳一定的入社费用或股金，就可以降低生产投入资金。然而，这一模式也存在一定的局限性。一方面，这一模式对工商企业和农户都有较高的门槛限制。工商企业需要具备一定的实力，前期的生产流动资本投入要求较高，还需要拥有技术服务研发团队和自有品牌。对于农户而言，需要具备一定的生产技术能力，且达到最低生产规模所需的一定的经济实力。另一方面，农户的福利增进有限。只有具备一定实力的专业大户才有机会加入到与工商企业的纵向协作中，普通小农户不具有经营能力，难以达成最低生产规模，以至于福利得到改善的农户仅是少数，且农户仅是受雇于工商企业的合同工，两者之间的关系是劳务外包关系，农户在农民专业合作社没有决策参与权。

（2）"企业＋自办型合作社＋农户"。在农户自办农民专业合作社与工商企业对接模式下，农民专业合作社是农户的联合，代表了农户的利益。在农民专业合作社内部，农户按照"一人一票"获得在合作社内部的决策权，拥有了话语权和选择权，合作收益则按照与农民专业合作社的交易额比例获得。工商企业与农民专业合作社是独立的市场主体，双方通过商品契约进行交易，结成利益联盟，商品契约一般是短期契约，双方在履行合同契约规定的义务外，还可以自由选择其他主体进行交易。

农户自办农民专业合作社的发起者一般是农村精英、关键生产要素所有者、经营管理者，其在当地拥有相对的资源优势或地位优势，大多为担任村干部或没有担任具体职位但与村干部有密切往来联系的人，其在农村具有较为丰厚的经济实力或政治地位，抑或是其可以承接地方政府主导的各种项目。作为农民专业合作社的"领头羊"，其在生产经营中承担了一定的风险。农户自办农民专业合作社与工商企业领办农民专业合作社模式相比，前者脱离了工商企业的控制，对工商企业的谈判能力取决于农民专业合作社的市场地位、竞争能力和合作能力，农户的经营性合作收益提升空间扩大，福利增进，但是风险也随之增加，由于农民专业合作社是由农户自办的，所以门槛相对较低，为年龄偏大、文化水平低的农户提供了增收机会。农户自办农民专业合作社这一模式，由于农民专业合作社与工商企业签订了正式的商品契约，农户生产经营的合作收益有了保证，并通过农民专业合作社的参与权，地位有所提升。但是，也存在一定的问题，由于农民专业合作社缺乏有实力的企业家，这一模式并没有成为纵向协作的主要模式。

（3）"企业＋合办型合作社＋农户"。在农户与工商企业合办农民专业合作社模式下，工商企业与农户按照合作制原则通过股份权益共同联结形成一个新的联合体，两者之间是要素契约关系，农户在农民专业合作社中占有股份，拥有合作剩余索取权，农民专业合作社在合作收益中提取一定比例作为公积金积累。这类工商企业一般是小微企业或个体、私营企业，政府的政策激励使其选择以20%的股权份额入股农民专业合作社。

双方的合作是建立在自愿基础上的，合作意愿强烈。工商企业是农民专业合作社的成员，以生产经营管理者身份对农户生产经营管理全过程进行监督管理，以确保农产品质量、数量和生产周期。农户可以选出代表参与理事会，代表农户利益与工商企业共同进行重大决策的民主协商，此模式下双方的关系不是工商企业领办农民专业合作社下的雇佣合同工关系，而是利益相关者之间的联盟关系。尽管重大决策的话语权还在工商企业，但是由于农户的直接参与，在合作收益分配方面有了改善，农户与工商企业之间的协作关系更为紧密。相比于工商企业领办的农民专业合作社类型，在农户与工商企业合办农民专业合作社中，农户承担的风险有所增加。实践中，由于工商企业的经营理念是以市场消费者需求为导向的现代农业生产经营理念，而农户则是以短期合作收益最大化为目标，两者可能产生冲突，导致农民专业合作社的稳定性受到影响。如何处理两者之间的利益关系，是这类纵向协作模式稳定的关键。

农民专业合作社等中介组织的成功介入得益于合作社内成员之间的相互了解和信任，农户成员之间存在道德约束，这在中国农村社会有着极强的制约力，弥补了"工商企业＋农户"模式中分散农户的机会主义行为倾向。更为重要的是，这种纵向协作模式（如图3-3所示）降低了签约前期的信息搜寻成本、签约成本和产中的监督成本，在保证产品质量和价格稳定的同时，保障了农民的权益。综上所述，农业产业组织化的发展放大了合作经济组织的优势，通过建立农业微观组织以市场机制决定资源要素配置，优化了资源要素配置方式，改变了工商企业与农户之间的交易规则、交易方式、利益分配模式，增强了农户参与市场交易和专业化分工的能力，加快了现代农业的发展。农业产业组织的演进是对农业内部微观经营组织的调整，其是否具有完全市场行为能力和组织能力对交易成本影响很大。资本投入获得社会平均回报率和经营期内不低于从事其他经营活动的总收入是吸引工商企业从事农业生产经营的基本条件。农业产业组织化管理撬动了工商资本对农业的投资，为保证包括工商资本在内的社会资本投资农业的有序性，国家政策措施一直在探索制定引导和规范工商资本投资农业的具体意见，对投资领域、环节和门槛等进行限制，这表明如何引导工商资本任重而道远。无可厚非的是，农业产业组织化理论与实践将推动我国农业微观组织方式和形态革新，这必将重构资源要素优化配置结构和合作收益分配关系，工商资本进入农业也必将由"反哺农业"转变为"投资农业"。

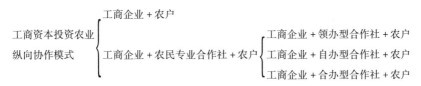

图 3 - 3　工商资本投资农业纵向协作模式的类型

此外，随着家庭农场、专业大户、农业产业化联合体等新型农业经营主体健康、规范、有序发展[①]，"企业 + 家庭农场""土地股份合作社 + 家庭农场""企业 + 合作社联社 + 家庭农场""企业集团 + 合作社联社 + 家庭农场"等模式创新也呈现多元化的发展方向。

[①]　参见中共中央办公厅、国务院办公厅 2017 年 6 月 1 日印发的《关于加快构建政策体系培育新型农业经营主体的意见》，中共中央、国务院 2017 年 2 月 5 日公开发布的《关于深入推进农业供给侧结构性改革加快培育农业农村发展新动能的若干意见》。

第四节　工商资本投资农业纵向协作中存在的主要问题

一、协作激励的有效性不足，仅实现了有限的帕累托改进

姜长云（2019）指出，中国农村的改革和发展史，正是顺应农业农村发展内在要求和外在环境的变化，不断创造完善农户利益联结机制的政策变迁史。工商企业引导农户参与纵向协作，关键在于协作主体合作收益增加与否，利益分配公平与否。公平合理的合作收益分配能够保证双方参与协作时均获得高于不参与协作时的收益，使得双方均能从中受益，实现帕累托改进与共享发展，并激励双方持续深入合作。1963 年，约翰·斯塔希·亚当斯（John Stacy Adams）指出，探究人的动机和知觉关系的激励理论即为公平理论，其认为员工激励程度来自于与参照对象的主观比较，个体具有有限理性且是非常自利的，群体中的成员对公平的感知程度会影响个体行为，这意味着个体决策者不仅关注自身收益，还会关注收益在群体中的分配是否公平，说明群体中的个体具有公平偏好。进一步研究还表明，不同主体及不同程度的公平偏好将会对主体行为决策产生不同程度的影响。建立公平合理的利益联结机制有助于满足双方诉求，工商企业与农户均能通过合作增进收益，实现合作收益的共创共享，符合共享发展理念，从而极大激励双方开展长期、稳定、深入的合作，实现互利共赢，既提高了工商企业的收益与市场竞争力，也促进农户增收，带动农业发展，从而促进乡村振兴。

合作收益的公平分配是个体对所获报酬的公正感知，在"三农"领域，分配公平涉及农民的切实福利，是广大农民最为关注的方面。组织化潜在收益等收入的合理分配构成了工商资本投资农业过程中公平分配至关重要

的一环——最终落脚点。实践过程中，在主体互动之下，只有主体之间交往平等、利益交换要求对等，才能深化纵向协作。

组织化小农的概念是由浙江大学中国农村发展研究院徐旭初教授在《合作社是小农户和现代农业发展有机衔接的理想载体吗?》一文中首次提出的（徐旭初和吴彬，2018）。他指出，组织化小农是一个解释性概念，是包括组织化小农的类型、形成机制、发展趋势等一系列概念的集合；以具象来看，组织化小农就是指组织化程度比较高但经营规模较小的农户。具体来讲，组织化小农是小规模经营农户为了应对大市场，以合作制为基础，以利益联结机制为纽带，依据现代农业发展要求，自发或引致而形成的一种组织化状态或趋势（徐旭初、金建东和嵇楚洁，2019）。农业特有的产业特征和分散经营特点决定了农业和农民需要通过提高组织化程度来克服劣势，提高竞争能力和合作收益所得。我国农民的合作化运动更多的是诱致性制度变迁，是农民在市场经济环境下由于农业生产经营形势变化的应激性结果，其存在具有必然性。农民的自组织是在外部主动或被动地逐步融入产业链的，组织内部核心成员与普通成员从一开始就建立了兼具要素契约、商品契约与关系契约的关系，长期处于市场机制失灵边缘的自组织，对政府扶持具有天然的亲近倾向。组织的存在依赖于其所处的更大的体系，依赖于组织面临的环境要求或条件。当前，农产品竞争愈加激烈，随着工商资本的介入，农业纵向协作不断深入，农业逐渐走向价值链体系，组织化小农也必然参与和融入农产品供应链纵向协作，并与价值链体系中各相关协作主体形成各种利益关系。然而，在纵向协作中，农户与工商企业之间力量悬殊，利益得不到保障。

随着农产品产业链的延伸，农民组织化的深入发展，农民自组织的形态演化呈现更加复杂的组织丛林，资本化倾向鲜明，并不断处于动态演进中。基于合作收益最大化原则，农户自觉或不自觉地融入社会化分工体系之中。在嵌入农产品价值链体系的过程中，一方面，组织化的制度溢价对弱势的小农产生了强大的吸引力，小农主动或被动嵌入，实现源于农产品升级的收入增加、经营成本下降和生产经营风险下降所带来的价值增值；另一方面，处于边缘化的小农融入其他强势协作主体，"嵌入进化"与现代农业有机衔接，"内生进化"的成败决定了小农或走向"利益受损"或"凤凰涅槃"。然而，无论何种组织形态和利益分配机制，农户在与工商企业的关系中，始终面临着被边缘化的困境，即便普通成员形成了一定的生产规模，也处于边缘地位，从中分享的收益增长有限，仅实现了有限的利益共谋和福利改进，而难以实现强自主性。在利益分配格局上、治理权利上及可持续发展上，小农或许实现了较大程度的自主性，但并没有摆脱依附性，获得的仅是有限的帕累托改进。换句话说，组织化小农更迫切需要在长期实现全方位成长，实现内生性发展，而不是短期内在利益分配上和治理权利上实现合理性、合宜性、合意性等符合政府及学界对其合法性的期待。农户如何共享集体红利，实现收益均衡，是关键亦是难点。农户与工商企业、农民专业合作社之间激励越大，协作紧密程度越高，协作中相互协调与控制的强度也越大，即纵向协作模式应趋向于紧密型（徐家鹏，2019）。工商资本投资农业开展纵向协作过程的实践中，面临的困境是在市场和组织中如何激励和增进弱势农户自身利益的问题。

二、协作约束力薄弱，机会主义行为频发

工商资本投资农业过程中的纵向协作模式是工商企业、农民专业合作社和农户基于不同的商品契约、要素契约和关系契约等形成的不同的产业组织形态。受农业生产自然风险、市场交易风险等影响，鉴于工商资本投资农业纵向协作中缔结契约的不完全性和相关经营主体的有限理性，机会主义行为频发。研究表明，多数工商企业、农户与农民专业合作社之间存在非正式、松散的协作关系，订立正式的有法律约束力的契约、开展紧密型纵向协作的比例仍然偏低（王图展，2017）。

在工商资本投资农业开展纵向协作的动态演进中，各协作主体在资源禀赋、资本要素、风险偏好等方面具有显著差异，这种差异决定了主体进入市场的能力和收益变现能力差异的必然性。农户有选择低风险的偏好，农户之间的集体行动也必然具有相对狭窄的行动收益集合。然而，工商资本投资农业纵向协作所引致的规模化经营和合作收益增加促成了农户与工商企业之间的联系，工商企业和农户等不同要素所有者为了利益而开展纵向协作，当协作行为无法保障农户合理收益或合作收益小于农户自主经营

收益时，农户可能采取"搭便车""机会主义"等非理性行为，这些行为严重阻碍了纵向协作的深入开展，收缩了纵向协作的边界，提高了纵向协作的内部成本和监管成本。

农民专业合作社是具有一定社会功能的特殊经济组织，是市场经济中不可或缺的有机组成部分。在家庭联产承包责任制下，农户自主经营、自负盈亏，其行为决策主要取决于行动收益。合作行为产生的收益大于农户自主经营收益时，农户选择加入合作社获得合作收益。农户通过加入农民专业合作社成为普通农户而参与到集体行动中，不仅能够分享集体优势、信息和服务，降低交易成本，还能提升在农业产业供应链中的地位。然而，在农民专业合作社蓬勃发展的背后，现实情况复杂得多。当前，我国农户呈现兼业化与专业化分工状态，阶层分化为基层政治精英、大户、离农户、兼业户和纯农户等（田先红和陈玲，2013）。农民不再与祖辈一样以土地为生，家庭生计多元化。除纯农户外，土地仅用来维持最低生活保障，农户内部分化使得合作存在现实障碍，难以形成合力，呈现合作社内部核心—外围成员结构，导致"搭便车""机会主义"等非理性行为时有发生。一方面，在"搭便车"的情况下，普通农户不愿意再增加对合作社的投资，其让渡剩余选择权和剩余索取权，依附于大农户，这与大户不愿稀释自身股份的想法不谋而合，"搭便车"行为是多方主体在制度环境和组织安排下持续互动的结果。另一方面，乡村社会结构也在不断演变，政府在村社的影响力随着农业税费的取消和村民自治日渐"悬浮"，抑制农户集体行动"投机行为"的硬强制动员效果弱化，换句话说，正式制度对于降低农户的投机行为的作用弱化，权力呈现真空状态。加之城镇化的发展，村民逐渐与传统的"熟人社会"脱离，血缘和地缘的双重认同逐渐淡漠，组织生产和社区治理影响弱化，基于农户所处的地缘关系网络产生的软强制动员效果弱化，集体行动陷入困境。长期协作关系是建立在各协作主体充分了解、彼此信任、长期合作的基础上，越紧密的协作关系越能够约束主体的行为，达成长期互惠利益。如何约束协作主体的行为，如何建立协作主体之间相互制约的关系，激励人们采取最优努力水平，减少交易过程中的行为风险和道德风险，值得深入研究。

三、协作关系松散，陷入收益共享困境

Bardhan（2000）研究指出，"精英俘获"是指精英基于权力介入资源分配过程，从而获取了大部分的收益，致使资源不能到达弱势群体。例如，在合作社进行剩余分配时，按"股份"分配取代了按"惠顾额"分配，股份较高的少数核心成员获得了较高比例的合作剩余，而普通成员获得的合作剩余较为有限。

工商资本投资农业过程中非常容易出现"精英俘获"现象，且多发生在农业合作剩余分配过程中，究其原因是普通农户与精英在资源、能力和权力等方面的不对称。理论逻辑上，农村精英（这里指大农或村集体组织领导人）利用在农村社会关系中的社会资本，组建农民专业合作社，通过与工商企业合作，加强了生产经营的优势，节约了交易成本。随着农民专业合作社经营规模的扩大、实力的增强，其与工商企业垄断经营形成竞争，联合普通农户发展合作的"利益共谋"。而事实上，农村精英主导的农民专业合作社天生具有"精英俘获"，联合普通农户只发展了有限的合作。农民专业合作社从开始组建就确定了收益分配方式，如何分红、比例如何都计入农业成本，农户作为劳动力的供给者，获得的是劳动报酬。以土地股份合作社为例，土地入股合作社是农地流转的一种形式，入股社员与合作社签订农地流转协议，社员收益与合作社收益挂钩。普通成员缺乏资金，要么以劳动力形式入股，要么以市场价格流转农地，或以农地入股进入合作社，获取的分红一般仅是农地流转费用和劳动力工资，所获劳动力报酬低于一般市场价格，而不是劳动剩余，更谈不上是农业剩余。例如，从事具体生产的普通成员，其获得的分红收益仅是其投入劳动力的工资报酬，这些普通成员的劳动剩余被侵占，其与"精英"之间事实上是一种隐蔽的雇佣关系，弱势小农即普通农户的农业剩余被侵占，而"精英"则通过整合小农获得资本积累。实际控制者侵占了大部分农业剩余，普通农户很难通过加入农民专业合作社形成资本积累，更难改变在合作社中的边缘地位。随着农民专业合作社由代理型向谋利型转型，服务的目标出现"漂移"，很多财政支持的转移性投入转为小集团资本或私人资本，改变了专项扶持资

金维护的公益属性。合作社由"精英"主导，他们应是合作社创立与发展必不可少的具有奉献精神和崇高理念的先驱者，既要有合作理念，又要适应市场竞争，通过制度和组织创新发展合作社，与普通成员形成利益共同体，他们既是能人又是好人，需要在理想和现实之间寻找平衡点。农村精英利润分配上占据多数，这种交易属于市场行为，并不违背市场原则，若要一味地直接向弱势群体倾斜又会造成对精英的不公平，打消精英的积极性。如何防止农村精英权力过大，如何平衡工商企业与合作社利益或合作社内部"精英"与普通成员利益之间的张力，是"精英俘获"具象带给我们的思考。

第四章
工商资本投资农业纵向协作的
实现逻辑分析

本章对合作收益分配与工商资本投资农业纵向协作程度间的关系进行探究。首先，分析工商资本投资农业中工商企业、农户、农民专业合作社和政府的利益诉求；其次，构建演化博弈模型，就合作收益分配情况对工商资本投资农业纵向协作进行演化博弈分析；再次，构建声誉模型，从声誉角度就收益公平分配对工商资本投资农业纵向协作程度的影响机理进行深入分析；最后，对合作收益公平分配、纵向协作程度与工商资本投资农业合作收益三者间的关系进行归纳。本章属于全书的"分析问题"环节，为下一章工商资本投资农业纵向协作收益效应分析提供理论依据。

第一节 工商资本投资农业过程中参与
主体的利益诉求

社会主义市场经济条件下，市场经济主体都是独立的经济人，其从事投资活动并获得应得的投资回报。在公平竞争原则的基础上实现收益最大化，需制定市场规则和机制，以杜绝个别个体追求利益而损害其他主体利益的行为。工商资本投资农业是市场配置资源的结果，本身并没有违反市场规则，工商资本投资农业引发的负面问题不是工商资本的"原罪"，而是运行机制方面存在漏洞，要通过制定外部激励机制和紧密的利益联结机制影响协作主体行为，而不应试图将其全盘否定，排挤在农业之外。在工商资本投资农业的过程中，工商企业、农民专业合作社、农户等参与主体都有自己的利益诉求（如图4-1所示），将影响参与主体合作收益的变量通过激励、约束和保障机制进行调适，可以达成预期收益均衡，实现帕累托改进。

图4-1　工商资本投资农业过程中参与主体的利益诉求

一、工商企业的利益诉求

从动态和长期角度看，工商资本是决定农业发展的重要因素之一，投资决策与微观主体的积累能力、融资能力有关，工商资本投资是投资主体在权衡利益得失基础上选择的结果。工商企业将农业生产经营的预期收益与预期成本相比较，如果预期收益大于预期成本，工商企业投资农业有利可图，需求动因成熟进而投资。接下来，工商企业与受农户委托的农民专业合作社谈判，并通过契约与农民专业合作社约定农产品收购的品种、数量、质量和价格等重要事项。工商企业、农民专业合作社、农户相关利益主体间的相互联系、相互作用的关系是协作主体谈判的结果，纵向协作的紧密程度取决于对行为人有吸引力的激励机制和维系合作稳定的约束机制，这里利益联结机制是核心（李世杰、刘琼和高健，2018）。简单地讲，工商企业、农民专业合作社、农户相关利益主体间的第一重利益联结纽带是通过品牌效应和保护价让利来实现的。工商企业一般拥有品牌和覆盖部分地区的销售网络优势，其通过农民专业合作社建立种植基地，对于按照标准生产并检验合格的农产品提供带品牌商标的包装，并按照保护价收购农产品。第二重利益联结纽带是土地。农户以土地入股农民专业合作社，合作社帮助社员流通农产品产生利润，并将所得利润减去土地分红、管理成本后进行分配。

按照合作与股份的二维划分法，工商资本投资农业各主体间的利益联结机制大体可分为松散型、半紧密型、紧密型三种类型，按照这一顺序紧密程度逐渐加深，合作关系的稳定性也逐渐增强（涂圣伟，2019）。松散型利益联结主要是指买断型和市场交易型联结方式，这种方式没有格式化的契约关系，工商企业根据生产经营需要在市场上随机收购生产原料，农户在市场上自主卖出农产品，双方自主经营、自由交易，价格随市场行情变化。半紧密型利益联结主要是指契约型和合同型联结方式，工商企业与农民专业合作社或农户事先签订农产品收购契约或土地、房屋等要素租用契约，约定双方利益分配方式及相应的权利与义务，在这种方式下双方通过让渡部分自主权降低市场风险。紧密型利益联结主要是指基于产权关系的联结方式，农户加入农民专业合作社，农民专业合作社以资金、土地、技术等入股工商企业或与工商企业联合组建新的企业主体，在这种形式下各主体不再是单纯的产品和要素交换关系，两者之间的权责关系受法律和企业章程约束，形成了"收益共享、风险共担"的利益共同体。实践中，紧密型利益联结机制主要包括股份制和合作制两种（涂圣伟，2019）。

二、农户的利益诉求

农户参与纵向协作的根本动机是实现增收（陈义媛，2019）。农户对工商企业或农民专业合作社等协作主体的认知是其决策行为的基础，只有理解了农户的认知过程，才能理解合作意愿的产生和参与行为。农户依靠土地获取收入是将土地视为重要的生产资源，如果不再依赖土地则是将土地视为可带来财富的重要资产。农户从集体获得土地承包经营权，无论是否从事农业生产经营，都不会放弃这一权益。随着工业化和城镇化的发展，农户的土地权能及其收益表现为农地产权流转功能的实现及获取相应的权益。农户拥有承包权和经营权，其转让经营权追求的是获得土地租金和农地流转后的收益剩余权、增值收益权。例如，农户参与农民专业合作社管理决策、监管农地经营、决定入社农地分红标准等制度设计是维护自身的权利。农户只有对工商企业或农民专业合作社行为进行约束和监管，制约可能发生的机会主义行为，才能有效维护自身权益。对于农户来说，其更愿意认同集体价值、认同合作社价值，他们自觉不自觉将自己在合作社的投入与所得与其他成员相比较，对收益分配合理与否做出评判。在合作社利益增进的条件下保持个体、集体的利益均衡，就可以产生持续的激励，增强农户的合作动机和合作行为，在村庄这一个熟人社会里产生归属感与共同认知，唤醒农户主体意识。农户通过关注自己在农民专业合作社重大事务决定过程中的权利，维护自己的利益（卢敏、邓衡山和李杰，2011），普通成员应有知情权和正常的利益诉求平台，如何体现普通成员的预期与需求，是本书关注的重点。

相对而言，农户在要素资源的拥有、所处产业链上的位置方面均处于弱势地位，为保障农户的利益，按照激励约束相容原则，在没有相应的激励作用的情况下，工商企业较难有动力让利于民（杨雪锋，2017）。完善工商资本投资农业协作激励的制度设计，是建立协作关系的关键。此外，工商资本投资农业开展纵向协作是建立在"收益共享、风险共担"基础上的，然而实践中农民共担风险的意愿并不强烈，这也是协作关系松散的重要原因之一。

三、农民专业合作社的利益诉求

农民专业合作社是由利益相对一致的多个相关利益方共同参与而形成的拥有一定资源并保持某种权、责、利结构关系的群体（涂圣伟，2019）。农民专业合作社得以运行的前提和基础是利益的相对一致性。实践中的农民专业合作社既有村委会和村干部的参与，也有普通农户的参与，还有工商企业的参与。众多主体先有了利益的一致性，才形成了纵向协作的初始动力。利益的一致性包括相关参与主体对农业规模经济的关注和对农业发展效益的追求。然而，相关参与主体为了追逐自身利益最大化也存在着利益的分歧，随着组织的运行和发展，参与主体需求、期望和目标出现异化，进而影响各主体参与组织发展和活动的积极性。换句话说，即便农民专业合作社成员间利益相对一致，其发展也可能受到"搭便车"行为的制约。一方面，农民专业合作社内部普通成员不愿过多承担组织形成和发展过程中的组织成本，更多的组织成本实际上是由核心成员承担的；另一方面，初创期核心成员承担了大部分组织成本，其在制度设计上拥有更多的话语权，因此可能做出明显有利于自己的制度安排。这些制度安排可能会触碰普通成员的利益，进而影响普通成员参与组织进行生产活动的积极性。

农民专业合作社作为农地经营权的代理人，追求的利益包括政府政策的支持、代理关系的稳定、生产经营利润及合作社自身发展。农民专业合作社通过规章制度规范入社农户的行为，通过兑现成员农地分红实现经济利益，通过限定农地用途防止非农化、非粮化倾向，通过发放农地租金确保入社农户的基本合作收益。理论上，农民专业合作社既要保障社员的土地权益，又要满足社员土地收益剩余权和增值收益权的要求，并与工商企业进行生产经营融合。合作社核心成员引导农户以普通成员身份参与到合作社中，共同利用资源与分享收益，其不仅是内部动力的激活者，还在相当大的程度上主导了外部资源的利用与分配，作为农民专业合作社的实际控制者，其将外部资源内化于合作组织建设中，转化为组织内生发展动力，实现了内外资源的良好互动和有机整合。只有组织成员就组织成本的分担和组织收益的分享达成一致，组织才能健康运行和持续发展。随着农民专业合作社的发展，相关协作主体各自拥有的资源以及社会制度环境发生变化，这种变化导致各协作主体权、责、利的重新分配。如果农民专业合作社缺乏良好的合作机制，不能对优势利益需求快速做出反应，相关参与主体相对一致的利益认同就会受到影响，如果这种认同差异越来越大，就会导致合作破裂，农民专业合作社就难以有效运作，甚至解体。顺畅地开展纵向协作是动态了解相关利益方的利益诉求、解决利益冲突、达成利益共谋、促进农民专业合作社良性运转不可或缺的条件（周振和孔祥智，2015）。没有建立规范的能够体现普通成员公平参与农民专业合作社民主决策的利益诉求平台和农民专业合作社工作监督机制，就难以保证农民专业合作社从农户的需求出发开展工作（颜华和冯婷，2015）。因此，农民专业合作社的持续发展需要公开透明的协作激励机制，这不仅是相关协作主体实现理解和信任的保障，也是各协作主体主动参与农民专业合作社的基础。

四、政府的利益诉求

工商资本投资农业过程中各主体之间关系的形成一般由市场主体平等

协商确定，政府不直接参与，然而，基于我国的基本农情，政府需加以有效引导。在农民专业合作社初创时期，政府作为农民专业合作社的外在倡导者和直接推动者，通过配套资金支持对农民专业合作社形成外部激励，以期望通过农民专业合作社的组建和功能发挥，促进当地农业发展和农民增收，实现政绩预期。政府通过配套资金补贴承担了部分组织运行成本和协调成本，通过制度约束激励农民专业合作社良性发展。为了提高农民专业合作社的领导力和执行力，政府会推荐或提名农民专业合作社核心成员或理事会成员，受政府行政职能和资源优势的影响，农民专业合作社核心成员的构成和职能定位在一定程度上体现了政府的预期。在农民专业合作社发展阶段，政府在约束利益主体行为、维护合作关系的制度性安排上发挥重要作用。一方面，在市场功能不完全、信息不对称的情况下，政府的主要责任是通过构建具有约束力的制度设计，增强利益分配关系的稳定性，如政府可以授予农民专业合作社或核心成员荣誉称号等，形成外部激励。这一时期，政府换届、领导主体变更等外部支持环境的变化会影响农民专业合作社的发展。在新的组织领导关系影响下，如果政府目标与农民专业合作社目标发生错位，其将面临失去政府支持的风险，此时政府与农民专业合作社核心成员之间的内在沟通机制显得尤为重要。另一方面，政府参与调节收入分配关系的制度性安排。在市场机制不充分的条件下，一次分配很难实现合作收益的公平分配，需要政府采取一定的措施加以引导。此外，政府应加大对失信违约的惩罚措施或惩罚力度，对工商企业不按合同规定支付农民租金、工商企业不按合同规定销售农产品、企业为谋求更高利润以产品质量不过关为由拒绝收购农产品等行为，采取行之有效的惩罚手段。

这里还需讨论一个"多重角色"——村干部。既是乡镇政府在乡村的代理人，履行乡镇政府委托的行政职能，又是村庄"掌门人"的村干部，为了村庄长远发展的利益考虑，也可能是农民专业合作社的核心成员，有自身的利益诉求。村干部的利益考虑并非是单一的经济利益，还包含获得村民认可和支持的社会声望，其多重角色很难统一，只能内在权衡，在各个角色之间寻找平衡。作为乡镇政府的代理人，村干部理应公平、公正地对待其所管辖村庄的每一位农户；作为村庄的"掌门人"或农民专业合作社核心成员，村干部面对复杂的农村现实场域和人情网络关系，其应该公平合理分配村庄资源、合作收益。综上，处在乡村社会的村干部需要考虑自身所在的关系群，面临着多重行动逻辑。

第二节　合作收益分配与工商资本投资农业纵向协作

一、工商资本投资农业纵向协作的演化博弈模型构建

工商企业与农户分工协作进行农业生产经营，协作双方均有可能出现机会主义行为，即选择背叛。工商企业与农户之间存在明显的博弈关系，由于双方均为有限理性的经济人，尤其是很多农户可能从未参与过与工商企业的纵向协作，对选择纵向协作或背叛的收益并不能事先明确。传统的博弈理论通常假设博弈双方对博弈结构拥有充分的信息，不再适用，因此使用演化博弈模型进行分析更符合现实情况。下面构建一个演化博弈模型，以直观展现合作收益分配情况对工商企业与农户间纵向协作的影响。

在工商资本投资农业过程中，假设存在工商企业与农户两类有限理性的群体。关于是否开展纵向协作，假设工商企业与农户均选择不合作策略而继续原有的生产经营方式时，双方所获收益分别为 I_1、I_2，双方建立纵向协作关系的成本为 C，假定该成本由双方平摊，即双方均承担 $\frac{C}{2}$。为便于分析，假定工商企业与农户开展纵向协作能够带来大小为 $2C$ 的收益增量，其中，农户分享比例为 θ，假定 $\frac{3}{8} < \theta < \frac{5}{8}$。同时，假定工商企业与农户中的一方选择背叛时，双方的收益增量均下降至双方均选择纵向协作时的 $\frac{1}{3}$，选择背叛策略的一方不用再承担开展纵向协作的成本，由于不清楚对方所

采取的策略，选择纵向协作的一方仍会承担成本 $\frac{C}{2}$。假设工商企业（G）选择协作、背叛策略的比例分别为 x、$1-x$，农户（N）选择协作、背叛策略的比例分别为 y、$1-y$。在以上假设条件下，工商资本投资农业过程中，工商企业与农户两大博弈参与方采取各类策略时的收益值如表 4-1 所示。

表 4-1　工商资本投资农业纵向协作的演化博弈收益矩阵

		农户	
		协作（y）	背叛（$1-y$）
工商企业	协作（x）	$I_1 + 2(1-\theta)C - \frac{C}{2}$，$I_2 + 2\theta C - \frac{C}{2}$	$I_1 + \frac{2(1-\theta)C}{3} - \frac{C}{2}$，$I_2 + \frac{2\theta C}{3}$
	背叛（$1-x$）	$I_1 + \frac{2(1-\theta)C}{3}$，$I_2 + \frac{2\theta C}{3} - \frac{C}{2}$	I_1，I_2

工商企业选择协作时的期望收益为：

$$U_{GX} = \left[I_1 + 2(1-\theta)C - \frac{C}{2} \right]y + \left[I_1 + \frac{2(1-\theta)C}{3} - \frac{C}{2} \right](1-y) \qquad (4-1)$$

工商企业选择背叛时的期望收益为：

$$U_{GB} = \left[I_1 + \frac{2(1-\theta)C}{3} \right]y + I_1(1-y) \qquad (4-2)$$

工商企业平均期望收益为：

$$U_{GP} = x U_{GX} + (1-x) U_{GB} \qquad (4-3)$$

同理，农户选择协作时的期望收益为：

$$U_{NX} = \left[I_2 + 2\theta C - \frac{C}{2} \right]x + \left[I_2 + \frac{2\theta C}{3} - \frac{C}{2} \right](1-x) \qquad (4-4)$$

农户选择背叛时的期望收益为：

$$U_{NB} = \left[I_2 + \frac{2\theta C}{3} \right]x + I_2(1-x) \qquad (4-5)$$

农户平均期望收益为：

$$U_{NP} = y U_{NX} + (1-y) U_{NB} \qquad (4-6)$$

基于以上分析，工商企业选择协作策略的复制动态方程为：

$$\frac{\mathrm{d}x}{\mathrm{d}t} = x(U_{GX} - U_{GP}) = x(1-x)(U_{GX} - U_{GB})$$

$$= x(1-x)\left[\frac{2(1-\theta)C}{3} - \frac{C}{2} + \frac{2(1-\theta)C}{3}y\right] \tag{4-7}$$

农户选择协作策略的复制动态方程为：

$$\frac{\mathrm{d}y}{\mathrm{d}t} = y(U_{NX} - U_{NP}) = y(1-y)(U_{NX} - U_{NB}) = y(1-y)\left[\frac{2\theta C}{3} - \frac{C}{2} + \frac{2\theta C}{3}x\right] \tag{4-8}$$

借鉴 Friedman（1998）提出的演化博弈均衡求解方法，对工商企业、农户选择协作策略的复制动态方程求关于 x、y 的偏导，从而得到如下雅克比矩阵（Jacobian Matrix）：

$$J = \begin{bmatrix} \dfrac{\partial^2 x}{\partial t \partial x} & \dfrac{\partial^2 x}{\partial t \partial y} \\[2mm] \dfrac{\partial^2 y}{\partial t \partial x} & \dfrac{\partial^2 y}{\partial t \partial y} \end{bmatrix}$$

$$= \begin{bmatrix} (1-2x)\left[\dfrac{2(1-\theta)C}{3} - \dfrac{C}{2} + \dfrac{2(1-\theta)C}{3}y\right] & x(1-x)\dfrac{2(1-\theta)C}{3} \\[4mm] \dfrac{2\theta C}{3}y(1-y) & (1-2y)\left(\dfrac{2\theta C}{3} - \dfrac{C}{2} + \dfrac{2\theta C}{3}x\right) \end{bmatrix} \tag{4-9}$$

由雅克比矩阵稳定性条件可知，令 $\dfrac{\mathrm{d}x}{\mathrm{d}t} = 0$，$\dfrac{\mathrm{d}y}{\mathrm{d}t} = 0$，从而求得 $(0,0)$，$(0,1)$，$(1,0)$，$(1,1)$，$(x^*, y^*) = \left(\dfrac{3}{4\theta} - 1, \dfrac{3}{4(1-\theta)} - 1\right)$ 五个局部均衡点，下面计算在上述 5 个局部均衡点处雅克比矩阵的行列式与迹的正负号情况。

当 $x = y = 0$ 时：

$$\det J = \begin{vmatrix} \dfrac{2(1-\theta)C}{3} - \dfrac{C}{2} & 0 \\[4mm] 0 & \dfrac{2\theta C}{3} - \dfrac{C}{2} \end{vmatrix} = \frac{C^2}{36}(1-4\theta)(4\theta-3) > 0$$

$$\mathrm{tr}J = \frac{2(1-\theta)C}{3} - \frac{C}{2} + \frac{2\theta C}{3} - \frac{C}{2} = -\frac{C}{3} < 0$$

当 $x=0$，$y=1$ 时：

$$\det J = \begin{vmatrix} \dfrac{4(1-\theta)C}{3} - \dfrac{C}{2} & 0 \\ 0 & -\dfrac{2\theta C}{3} + \dfrac{C}{2} \end{vmatrix} = \dfrac{C^2}{36}(5-8\theta)(3-4\theta) > 0$$

$$\mathrm{tr}J = \dfrac{4(1-\theta)C}{3} - \dfrac{C}{2} - \dfrac{2\theta C}{3} + \dfrac{C}{2} = \dfrac{(4-6\theta)C}{3} > 0$$

当 $x=1$，$y=0$ 时：

$$\det J = \begin{vmatrix} -\dfrac{2(1-\theta)C}{3} + \dfrac{C}{2} & 0 \\ 0 & \dfrac{4\theta C}{3} - \dfrac{C}{2} \end{vmatrix} = \dfrac{C^2}{36}(4\theta-1)(8\theta-3) > 0$$

$$\mathrm{tr}J = -\dfrac{2(1-\theta)C}{3} + \dfrac{C}{2} + \dfrac{4\theta C}{3} - \dfrac{C}{2} = \dfrac{(6\theta-2)C}{3} > 0$$

当 $x=1$，$y=1$ 时：

$$\det J = \begin{vmatrix} -\dfrac{4(1-\theta)C}{3} + \dfrac{C}{2} & 0 \\ 0 & -\dfrac{4\theta C}{3} + \dfrac{C}{2} \end{vmatrix} = \dfrac{C^2}{36}(5-8\theta)(8\theta-3) > 0$$

$$\mathrm{tr}J = -\dfrac{4(1-\theta)C}{3} + \dfrac{C}{2} - \dfrac{4\theta C}{3} + \dfrac{C}{2} = -\dfrac{C}{3} < 0$$

当 $x=\dfrac{3}{4\theta}-1$，$y=\dfrac{3}{4(1-\theta)}-1$ 时：

$$\det J = \begin{vmatrix} 0 & \dfrac{(3-4\theta)(8\theta-3)2(1-\theta)C}{16\theta^2 \quad 3} \\ \dfrac{(4\theta-1)(5-8\theta)2\theta C}{16(1-\theta)^2 \quad 3} & 0 \end{vmatrix}$$

$$= \dfrac{-C^2}{576\theta(1-\theta)}(3-4\theta)(8\theta-3)(4\theta-1)(5-8\theta) < 0$$

$$\mathrm{tr}J = 0$$

利用上述计算结果可以判断 5 个局部均衡点的演化稳定性，如表 4-2 所示。由此可知，(0，0)，(1，1) 为两个演化稳定点，分别对应工商企业与农户均采取背叛策略、协作策略。

表 4 - 2　工商企业与农户演化博弈的局部均衡点稳定性分析

均衡点	det$J$ 正负号	tr$J$ 正负号	局部稳定性
(0, 0)	+	−	演化稳定点
(0, 1)	+	+	不稳定点
(1, 0)	+	+	不稳定点
(1, 1)	+	−	演化稳定点
(x^*, y^*)	−	0	鞍点

二、合作收益分配对工商资本投资农业纵向协作的影响

根据上节所建演化博弈模型，工商资本投资农业过程中工商企业与农户纵向协作行为演化动态过程如图 4 - 2 所示。

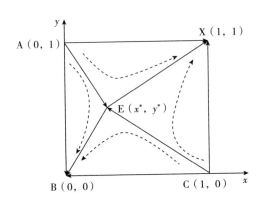

图 4 - 2　工商资本投资农业纵向协作的演化博弈相位

在图 4 - 2 中，折线 AEC 表示演化系统收敛于工商企业与农户均选择协作、背叛策略这两种不同均衡状态的临界线。其中，折线 AEC 上方的 AECX 区域表示演化系统将向工商企业与农户均选择协作方向发展，并最终收敛于点 X (1, 1)，此时工商企业与农户能够开展纵向协作。折线 AEC 下

方 AECB 区域则表示演化系统将向工商企业与农户均选择背叛方向发展，并最终收敛于点 B（0，0），此时工商企业与农户不能开展纵向协作。

由工商资本投资农业纵向协作演化博弈的相位图可以看出，不合作（或背叛）区域 AECB 由三角形 AEB 和三角形 BEC 组成，因此有：

$$S_{AECB}=S_{AEB}+S_{BEC}=\frac{1}{2}(x^{*}+y^{*})=\frac{1}{2}\left[\frac{3}{4\theta}-1+\frac{3}{4(1-\theta)}-1\right]$$

$$=\frac{3}{8\theta(1-\theta)}-1 \tag{4-10}$$

对上式求关于 θ 的导数得：

$$\frac{dS_{AECB}}{d\theta}=\frac{3(2\theta-1)}{8\theta^{2}(1-\theta)^{2}} \tag{4-11}$$

由此可知，当 $\theta<\frac{1}{2}$ 时，$\frac{dS_{AECB}}{d\theta}<0$，即随着 θ 增大，不合作区域 AECB 的面积减小，合作区域 AXCE 的面积增大。换言之，当农户分享到的与工商企业开展纵向协作的合作收益偏少时，如工商企业资产实力雄厚，处于优势的谈判地位，在与农户开展的纵向协作中处于主导地位，利益机制明显偏向于工商企业，即合作收益分配对农户不公平时，提高农户的合作收益分享比例有助于提高工商企业与农户开展纵向协作的概率。

当 $\theta>\frac{1}{2}$ 时，$\frac{dS_{AECB}}{d\theta}>0$，即随着 θ 增大，不合作区域 AECB 的面积增大，合作区域 AXCE 的面积减小。换言之，当工商企业分享到的与农户开展纵向协作的合作收益偏少时，即合作收益分配对工商企业不公平时，提高工商企业分享比例有助于提高工商企业与农户开展纵向协作的概率。例如，有的工商企业在收购农户的农产品时，按照农产品市场价格与合同价格两者中的较高者执行，农产品经营的市场风险基本由工商企业承担，当农产品市场价格波动较大时，工商企业的利益会遭受较大损失。若农产品市场价明显高于合同价，工商企业需要按照市场价收购农产品，工商企业的成本明显增加，而工商企业加工后向市场销售产品时，由于价格黏性，难以快速提高产品售价，从而导致企业利润降低；若农产品市场价明显低于合同价，工商企业仍需要按照事先约定的合同价收购农户产品，使得工商企业的成本维持在较高水平上，但由于作为原材料的农产品价格明显下降，工商企业向市场销售其加工产品的价格也会趋于下降，导致销售收入减少，从而导致工商企业利润减少。在此条件下，若提高工商企业分享合作收益的比例，有助于提高工商企业与农户开展纵向协作的概率。

第三节　工商资本投资农业纵向协作的
稳定性分析

一、工商资本投资农业纵向协作的声誉模型构建

一般情况下，只有当某一市场主体拥有丰富的声誉资本时，合作者才能对该市场主体保持较高的信任度、耐心，认为与其合作的长期预期收益会很高（梁守砚，2011），从而维持合作，降低机会主义动机。即便利益一时未被顾及到，出现了短期误解，也能继续合作，并通过沟通与协商消除暂时出现的利益纠纷，而不是轻易退出合作，从而开展深入的纵向协作，实现互利共赢（刘洁和祁春节，2009）。换言之，只有市场主体积累了充裕的声誉资本，与其合作者才能对双方间的合作保持足够的耐心，即每期博弈的贴现率足够低，双方未来合作收益的贴现值较高，对合作充满信心，方能建立长期重复博弈，开展长期稳定合作。下面构建一个声誉模型予以说明。

本书采用聂辉华（2013）的做法，从产权归属和博弈期限角度把工商企业与农户纵向协作时所建立的契约关系细分为三种类型，从而在统一的声誉模型框架下分析声誉资本对工商资本投资农业纵向协作的影响。第一类是市场外包契约，即工商企业和农户订立一次性或单期农产品购销契约，现实条件下松散的"工商企业＋农户"协作模式就属于此种类型。第二类是关系外包契约，即工商企业和农户订立关系契约，开展多期或者长期合作，工商企业与农户借助紧密的契约实现行为的协调与充分的分工协作，以实现合作收益最大化，现实条件下的"工商企业＋基地＋农户""工商企

业+家庭农场"以及农业产业化联合体等协作模式大体属于此种类型。第三类是关系雇佣契约，即工商企业通过要素契约统一支配农户资产并雇佣农户形成完全一体化的情形，现实条件下的"工商企业+农场"合作模式属于此种类型。

假定农户（N）与工商企业（G）订立某一原材料农产品的购销合同，农户可选择将农产品销售给与其签约的工商企业，也可售卖给其他企业。假定农户在农产品生产过程中的努力程度是一个二维向量 $e = (e_1, e_2)$，该努力程度不能直接观察到，但可以根据事后农产品价值推测出，即农户分别以 e_1、e_2 的概率使得农产品具有契约关系内、关系外的较高价值 Q_h、P_h，分别以 $1-e_1$、$1-e_2$ 的概率使得农产品具有契约关系内、关系外的较低价值 Q_l、P_l。Q_i 与 P_j 为两个相互独立的随机变量，其中 i，$j = h$，l。令 $\Delta Q = Q_h - Q_l$，$\Delta P = P_h - P_l$，则

$$Q_i = e_1 Q_h + (1 - e_1) Q_l = Q_l + e_1 \Delta Q, \quad P_j = e_2 P_h + (1 - e_2) P_l = P_l + e_2 \Delta P$$

$$(4 - 12)$$

为便于进行数理推导，假定农户努力的成本函数为：

$$C(e_1, e_2) = \frac{e_1^2}{2\theta} + \frac{e_2^2}{2(1 - \theta)}, \quad 0 < \theta < 1 \qquad (4 - 13)$$

一般情况下，工商企业、农户双方间的资产存在较强互补性，因此，农户在契约关系内的生产经营努力能够带来更多收益，即 $Q_i > P_j$。

1. 市场外包契约下的纵向协作收益与最优化条件

由于信息是不对称的，工商企业与农户事先很难通过契约精确商定农产品的价值或质量，同时，双方制定的农产品价值标准也很难被法院、仲裁机构等第三方证实。因此，工商企业与农户最初订立的农产品购销契约是不完全的，待契约在一定程度上被执行之后，农产品生产出来，农产品的契约关系内、关系外价值变得明朗，才能够被第三方证实。由于农产品的契约关系内价值与契约关系外价值存在差异，所以工商企业与农户间的协作就产生了契约关系内准租金（Klein，Crawford and Alchian，1978），即 $Q_i - P_j$。假定双方采用对称的纳什谈判解确定契约的交易价格，则双方谈判后，农户所获总收益为：

$$P_j + \frac{1}{2}(Q_i - P_j) = \frac{1}{2}(Q_i + P_j) \tag{4-14}$$

农户最终所获净收益为：

$$I_N^m = \frac{1}{2}(Q_i + P_j) - C(e_1, e_2) = \frac{1}{2}(Q_i + P_j) - \frac{e_1^2}{2\theta} - \frac{e_2^2}{2(1-\theta)} \tag{4-15}$$

基于以上分析，农户收益最大化问题可用下式表述：

$$\max_{e_1, e_2}\left[\frac{1}{2}(Q_i + P_j) - \frac{e_1^2}{2\theta} - \frac{e_2^2}{2(1-\theta)}\right] \tag{4-16}$$

由函数极值的一阶条件 $\frac{\partial I_N^m}{\partial e_1} = \frac{\partial I_N^m}{\partial e_2} = 0$ 得：

$$e_1^m = \frac{1}{2}\theta\Delta Q, \ e_2^m = \frac{1}{2}(1-\theta)\Delta P \tag{4-17}$$

由于工商企业获得一半的纵向协作契约关系内准租金 $\frac{1}{2}(Q_i - P_j)$，所以市场外包契约下的工商资本投资农业纵向协作的总收益为：

$$I^m = I_G^m + I_N^m = \frac{1}{2}(Q_i - P_j) + \frac{1}{2}(Q_i + P_j) - C(e_1, e_2)$$

$$= Q_l + \frac{3}{8}\theta\Delta Q^2 - \frac{1}{8}(1-\theta)\Delta P^2 \tag{4-18}$$

2. 关系外包契约下的纵向协作收益与最优化条件

相较于市场外包契约，关系契约（包括关系外包契约与关系雇佣契约）下工商企业对农户的报酬支付方式常常存在差异（Bull，1987），假定工商企业需在交易前预付给合作农户（或雇佣的工人）一份数额为 w 的定金（或基本工资），待契约在一定程度上被执行之后，约定的农产品生产出来，可以对农产品的价值或质量进行判断，工商企业依据所生产农产品的关系内价值与关系外价值，向合作农户（或雇佣的农业工人）发放一份奖金 $B_{ij} = X_i + Y_j$，其中 $i，j = h，l$，令 $\Delta X = X_h - X_l，\Delta Y = Y_h - Y_l$，则

$$B_{ij} = X_l + e_1\Delta X + Y_l + e_2\Delta Y \tag{4-19}$$

如果工商企业与农户均未出现违约行为，则双方间的关系契约就会持续下去，即工商企业与农户间的重复博弈得以维持，假定双方重复博弈过

程中每期贴现率①为 $r \in (0, 1)$。假定双方均采取冷酷策略以防止违约出现，即如果一方违约，另一方就放弃双方间深入纵向协作、互利共赢的关系契约，此时工商企业与农户永久性地退回到市场外包契约。关系外包契约下农户最终所获净收益为：

$$I'_N = w + B_{ij} - C(e_1, e_2) = w + X_l + e_1 \Delta X + Y_l + e_2 \Delta Y - \frac{e_1^2}{2\theta} - \frac{e_2^2}{2(1-\theta)}$$

$$(4-20)$$

基于以上分析，农户利益最大化问题可用下式表述：

$$\max_{e_1, e_2} \left[w + X_l + e_1 \Delta X + Y_l + e_2 \Delta Y - \frac{e_1^2}{2\theta} - \frac{e_2^2}{2(1-\theta)} \right] \quad (4-21)$$

由函数极值的一阶条件 $\frac{\partial I'_N}{\partial e_1} = \frac{\partial I'_N}{\partial e_2} = 0$ 得：

$$e_1^r = \theta \Delta X, \quad e_2^r = (1-\theta) \Delta Y \quad (4-22)$$

工商企业的净收益为 $Q_i - w - B_{ij}$，关系外包契约下工商企业与农户开展纵向协作的总收益为：

$$I' = I'_G + I'_N = Q_i - w - B_{ij} + \left[w + B_{ij} - C(e_1, e_2) \right]$$

$$= Q_l + \theta \Delta X \Delta Q - \frac{1}{2} \theta \Delta X^2 - \frac{1}{2}(1-\theta) \Delta Y^2 \quad (4-23)$$

关系契约下工商企业与农户间能够通过行为的协调最大化纵向协作收益，因此有：

$$\max_{e_1, e_2} [Q_i - C(e_1, e_2)] = \max_{e_1, e_2} \left[Q_l + e_1 \Delta Q - \frac{e_1^2}{2\theta} - \frac{e_2^2}{2(1-\theta)} \right] \quad (4-24)$$

由函数极值的一阶条件得：

$$e_1^* = \theta \Delta Q, \quad e_2^* = 0 \quad (4-25)$$

关系契约下工商企业、农户能够通过行为协调实现激励相容，农户最大化自身利益的同时，也能最大化工商企业与农户间的纵向分工合作收益，所以以上两个最优化问题的解实质上是相同的，由此可得 $e_1^r = e_1^*$，$e_2^r = e_2^*$，$\Delta X = \Delta Q$，$\Delta Y = 0$，此时有：

---

① 贴现率表示时间的机会成本、当事人的耐心程度。贴现率越小，时间的机会成本越低，交易各方对合作越有耐心。贴现率 r 与贴现因子 δ 呈负相关关系，即 $\delta = \frac{1}{1+r}$。

$$I^r = I^* = Q_l + \frac{1}{2}\theta\Delta Q^2 \qquad (4-26)$$

对工商企业来说，与农户签约后，某一期要使工商企业愿意履约，需要满足维持关系外包契约所带来的期望收益大于双方退回市场外包契约所得收益这一条件。某一期工商企业维持关系外包契约的期望收益为 $Q_i - w - B_{ij}$，而维持关系外包契约所带来的未来各期收益的现值之和为：

$$\frac{I_G^r}{1+r} + \frac{I_G^r}{(1+r)^2} + \frac{I_G^r}{(1+r)^3} + \cdots = \frac{I_G^r}{r} \qquad (4-27)$$

一般而言，工商企业预付农户的定金 w 不再退还，如果工商企业与农户退回市场外包契约，再谈判后的契约价格为 $\frac{1}{2}(Q_i + P_j)$，则工商企业的当期收益为 $Q_i - w - \frac{1}{2}(Q_i + P_j)$，未来各期收益的现值为：

$$\frac{I_G^m}{1+r} + \frac{I_G^m}{(1+r)^2} + \frac{I_G^m}{(1+r)^3} + \cdots = \frac{I_G^m}{r} \qquad (4-28)$$

因此，工商企业履约需满足的约束条件可表示为：

$$Q_i - w - B_{ij} + \frac{I_G^r}{r} \geq Q_i - w - \frac{1}{2}(Q_i + P_j) + \frac{I_G^m}{r} \qquad (4-29)$$

对上式整理后得：

$$\frac{I_G^r - I_G^m}{r} \geq B_{ij} - \frac{1}{2}(Q_i + P_j) \qquad (4-30)$$

同理，对农户来说，某一期维持关系外包契约的期望收益为 $w + B_{ij}$，而维持关系外包契约所带来的未来各期收益的现值之和为：

$$\frac{I_N^r}{1+r} + \frac{I_N^r}{(1+r)^2} + \frac{I_N^r}{(1+r)^3} + \cdots = \frac{I_N^r}{r} \qquad (4-31)$$

由于工商企业在期初已经将定金 w 预付给农户，不再退还，如果工商企业与农户再退回到市场外包契约，双方再谈判后的契约价格为 $\frac{1}{2}(Q_i + P_j)$，则农户的当期收益为 $w + \frac{1}{2}(Q_i + P_j)$，退回到市场外包契约所带来的未来各期收益的现值之和为：

$$\frac{I_N^m}{1+r} + \frac{I_N^m}{(1+r)^2} + \frac{I_N^m}{(1+r)^3} + \cdots = \frac{I_N^m}{r} \qquad (4-32)$$

因此，农户履约需满足的约束条件可表示为：

$$w + B_{ij} + \frac{I_N^r}{r} \geq w + \frac{1}{2}(Q_i + P_j) + \frac{I_N^m}{r} \qquad (4-33)$$

对上式整理后得：

$$\frac{I_N^r - I_N^m}{r} \geq -\left[B_{ij} - \frac{1}{2}(Q_i + P_j) \right] \qquad (4-34)$$

工商企业与农户均选择履行契约才能保证关系外包契约持续下去，$B_{ij} - \frac{1}{2}(Q_i + P_j)$ 为变量，因此，在整合工商企业与农户的关系外包契约履行条件时，不等式右侧不能简单直接相加，需要取其最大值，即 $B_{ij} - \frac{1}{2}(Q_i + P_j)$ 的最大值与最小值之差，从而得到综合的履约条件如下：

$$\frac{I_G^r - I_G^m}{r} + \frac{I_N^r - I_N^m}{r} \geq \max\left[B_{ij} - \frac{1}{2}(Q_i + P_j) \right] - \min\left[B_{ij} - \frac{1}{2}(Q_i + P_j) \right]$$

$$(4-35)$$

其中，$B_{ij} - \frac{1}{2}(Q_i + P_j) = X_l + Y_l - \frac{1}{2}(P_l + Q_l) + e_1\left(\Delta X - \frac{\Delta Q}{2} \right) + e_2\left(\Delta Y - \frac{\Delta P}{2} \right)$，由于 $X_l + Y_l - \frac{1}{2}(P_l + Q_l)$ 为定值，则当 $e_1 = e_2 = 1$ 时，$B_{ij} - \frac{1}{2}(Q_i + P_j)$ 取最大值 $X_l + Y_l - \frac{1}{2}(P_l + Q_l) + \left| \Delta X - \frac{\Delta Q}{2} \right| + \left| \Delta Y - \frac{\Delta P}{2} \right|$。当 $e_1 = e_2 = 0$ 时，$B_{ij} - \frac{1}{2}(Q_i + P_j)$ 取最小值 $X_l + Y_l - \frac{1}{2}(P_l + Q_l)$。所以工商企业与农户间的关系契约履行条件可简化为：

$$\frac{I^r - I^m}{r} \geq \left| \Delta X - \frac{\Delta Q}{2} \right| + \left| \Delta Y - \frac{\Delta P}{2} \right| \qquad (4-36)$$

同上述分析，关系外包契约下工商企业与农户可通过双方间的行为协调最大化纵向协作的合作收益，所以可得最优化条件 $\Delta X = \Delta Q$，$\Delta Y = 0$，并将 I^r、I^m 的表达式代入上式，从而得：

$$r^r \leq \frac{\theta \Delta Q^2 + (1 - \theta)\Delta P^2}{4(\Delta Q + \Delta P)} \qquad (4-37)$$

3. 关系雇佣契约下的纵向协作收益与最优化条件

对工商企业来说，与农户签订关系雇佣契约后，某一期要使工商企业愿意履约，需要满足维持关系雇佣契约所带来的期望收益大于双方退回市场外包契约时所得收益这一条件。某一期工商企业维持关系雇佣契约的期望收益为 $Q_i - w - B_{ij}$，而维持关系雇佣契约所带来的未来各期收益的现值之和为：

$$\frac{I_G^e}{1+r} + \frac{I_G^e}{(1+r)^2} + \frac{I_G^e}{(1+r)^3} + \cdots = \frac{I_G^e}{r} \qquad (4-38)$$

工商企业在期初预付给农户的定金 w 不再退还，但关系雇佣契约下工商企业拥有农户农产品的所有权，如果工商企业不支付农户奖金，双方退回市场外包契约，并且无须进行再谈判，则工商企业违约当期收益为 $Q_i - w$，违约后未来各期收益的现值之和为：

$$\frac{I_G^m}{1+r} + \frac{I_G^m}{(1+r)^2} + \frac{I_G^m}{(1+r)^3} + \cdots = \frac{I_G^m}{r} \qquad (4-39)$$

因此，工商企业履约需满足的约束条件可表示为：

$$Q_i - w - B_{ij} + \frac{I_G^e}{r} \geq Q_i - w + \frac{I_G^m}{r} \qquad (4-40)$$

对上式整理后得：

$$\frac{I_G^e - I_G^m}{r} \geq B_{ij} \qquad (4-41)$$

同理，对农户来说，某一期维持关系雇佣契约的期望收益为 $w + B_{ij}$，而维持关系雇佣契约所带来的未来各期收益的现值之和为：

$$\frac{I_N^e}{1+r} + \frac{I_N^e}{(1+r)^2} + \frac{I_N^e}{(1+r)^3} + \cdots = \frac{I_N^e}{r} \qquad (4-42)$$

由于工商企业在期初已经将定金 w 预付给农户，工商企业拥有农户所生产农产品的所有权，如果工商企业与农户再退回到市场外包契约，双方无须进行再谈判，所以农户在双方退回市场外包契约的当期收益为 w，未来各期收益的现值之和为：

$$\frac{I_N^m}{1+r} + \frac{I_N^m}{(1+r)^2} + \frac{I_N^m}{(1+r)^3} + \cdots = \frac{I_N^m}{r} \qquad (4-43)$$

因此，农户履约需满足的约束条件可表示为：

$$w + B_{ij} + \frac{I_N^e}{r} \geq w + \frac{I_N^m}{r} \qquad (4-44)$$

移项整理得:

$$\frac{I_N^e - I_N^m}{r} \geqslant - B_{ij} \tag{4-45}$$

工商企业与农户均选择履行契约才能保证关系雇佣契约持续下去，B_{ij} 为变量，因此，在整合工商企业与农户的关系雇佣契约履行条件时，不等式右侧不能简单直接相加，需要取其最大值，即 B_{ij} 的最大值与最小值之差，从而得到综合的履约条件如下:

$$\frac{I_G^e - I_G^m}{r} + \frac{I_N^e - I_N^m}{r} \geqslant \max(B_{ij}) - \min(B_{ij}) \tag{4-46}$$

其中，$B_{ij} = X_l + e_1 \Delta X + Y_l + e_2 \Delta Y$，由于 $X_l + Y_l$ 为定值，则当 $e_1 = e_2 = 1$ 时，B_{ij} 取最大值 $X_l + \Delta X + Y_l + \Delta Y$。当 $e_1 = e_2 = 0$ 时，B_{ij} 取最小值 $X_l + Y_l$。所以工商企业与农户间的关系雇佣契约履行条件可简化为:

$$\frac{I^e - I^m}{r} \geqslant \Delta X + \Delta Y \tag{4-47}$$

同上述分析，关系雇佣契约下工商企业与农户可通过双方间的行为协调最大化纵向协作的合作收益，所以可得最优化条件 $\Delta X = \Delta Q$，$\Delta Y = 0$，并将 I^e、I^m 的表达式代入上式，从而得:

$$r^e \leqslant \frac{\theta \Delta Q^2 + (1-\theta) \Delta P^2}{8 \Delta Q} \tag{4-48}$$

二、声誉与工商资本投资农业纵向协作程度

由工商资本投资农业纵向协作声誉模型的结论可知，相较于市场外包型协作模式，关系契约类型的工商资本投资农业协作模式下，工商企业与农户能够通过行为的协调实现更加深入的纵向协作，也能够开展多期重复博弈或长期合作。但关系契约类型的工商资本投资农业合作模式的建立要求交易双方的贴现率较低，关系外包契约类型工商资本投资农业协作模式，如"工商企业 + 基地 + 农户"、"工商企业 + 家庭农场"、农业产业化联合体等模式的建立要求 $r^r \leqslant \dfrac{\theta \Delta Q^2 + (1-\theta) \Delta P^2}{4(\Delta Q + \Delta P)}$；关系雇佣契约类型工商资本投资农业协作模式，如"工商企业 + 农场"模式的建立要求 $r^e \leqslant \dfrac{\theta \Delta Q^2 + (1-\theta) \Delta P^2}{8 \Delta Q}$。较低的贴

现率意味着这些关系契约类型的协作模式建立起来并稳定运行较为困难，需要充足的工商企业与农户声誉资本，这样才能在长期重复博弈中互利共赢，由此可见，声誉具有重要价值（Klein and Leffler, 1981; Kreps, 1990）。当声誉资本十分充足时，贴现率 r 会趋于零，则各种关系契约均可实现社会最优（Hart, 2001），所有的关系契约类型工商资本投资农业协作模式均能建立。

如果工商企业与农户坚持合作收益公平分配，有助于实现双方长期的互利共赢合作，实现帕累托改进，从而使得交易双方均能从纵向协作中受益，这样有助于交易双方赢得良好的市场口碑，积累丰富的声誉资本，赢得市场信任；有助于交易双方持续开展深入的纵向协作，后续其他协作主体也会充分信任这些市场声誉良好的工商企业与农户，很容易建立纵向协作程度更高的协作模式。相反，如果工商企业凭借雄厚的资产实力、信息优势、较强的谈判地位，使得利益机制明显偏向于工商企业，获得大部分合作收益，农户沦为"配角"，在利益分配中得到不公平对待，甚至遭受侵犯；或者农户凭借自己经营规模小，工商企业起诉可能得不偿失，只是在农产品市场价格下跌、低于合同价格时才将农产品出售给工商企业，从而将绝大部分甚至全部经营风险转嫁给工商企业。在这些情况下，声誉资本积累不足，工商企业与农户间缺乏信任，双方机会主义动机很强，也容易引起误解，双方合作风险很大，对合作缺乏耐心，此时贴现率很高，因此，工商企业与农户间难以建立关系契约类型的协作模式，从而难以开展深入的纵向协作。

根据上述分析，合作收益分配能够通过两条途径提高工商企业与农户间的纵向协作程度：一是提高双方间开展纵向协作的概率，二是建立纵向协作程度更高的协作模式。由工商资本投资农业纵向协作的演化博弈分析可知，合作收益的分配能够提高工商企业与农户开展纵向协作的概率。由工商资本投资农业纵向协作的声誉模型可知，工商企业与农户间合作收益的分配能够产生显著的声誉效应，促进交易双方声誉资本的积累，从而有助于双方对合作保持足够耐心，增加双方的信任，能够降低贴现率，进而使得双方建立纵向协作程度更高的协作模式。当然，合作收益分配产生声誉效应，进而提高工商企业与农户间的纵向协作程度，还有赖于良好的声誉机制。如果存在严重的信息不对称问题，工商企业与农户的声誉信息难以有效传递，就会导致声誉机制失灵（赵西亮和吴栋，2005）。如工商企业、农户在合作收益分配合理时，声誉资本增加十分有限，而在合作收益不合理分配时，声誉资本损失也微不足道，很难激励工商企业在与农户开展纵向协作时坚持收益公平分配原则，导致双方合作收益分配不合理问题持续存在，也使得双方声誉资本积累不足（胡平波，2015），难以提高协作主体的纵向协作程度。

纵向协作有助于提高工商资本投资农业的合作收益，纵向协作程度较高的协作模式往往会给工商企业与农户带来更多的合作收益，这一点由构建的声誉模型可以看出。市场外包契约类型的工商资本投资农业协作模式的总收益为：

$$I^m = I_G^m + I_N^m = \frac{1}{2}(Q_i - P_j) + \frac{1}{2}(Q_i + P_j) - C(e_1, e_2)$$

$$= Q_l + \frac{3}{8}\theta\Delta Q^2 - \frac{1}{8}(1-\theta)\Delta P^2$$

关系外包契约类型的协作模式的总收益为：

$$I^r = I_G^r + I_N^r = Q_l + \frac{1}{2}\theta\Delta Q^2$$

$$I^r - I^m = Q_l + \frac{1}{2}\theta\Delta Q^2 - \left[Q_l + \frac{3}{8}\theta\Delta Q^2 - \frac{1}{8}(1-\theta)\Delta P^2 \right]$$

$$= \frac{1}{8}\theta\Delta Q^2 + \frac{1}{8}(1-\theta)\Delta P^2 > 0$$

所以，关系外包契约类型的协作模式的总收益高于市场外包契约类型的协作模式的总收益。总之，合作收益合理分配有助于提高协作主体开展纵向协作的概率，促进工商企业与农户开展程度更深入、利益联结更紧密的纵向协作。

第五章

工商资本投资农业纵向协作
收益效应分析

本章首先按照纵向协作程度的不同，将工商资本投资农业划分为松散型模式、半协作型模式和全协作型模式，并在统一模型框架下比较了不同纵向协作模式的收益；其次，从分工协作程度、人力资本能力提升、交易费用降低角度分析了纵向协作模式的演化趋势，以及纵向协作紧密程度对工商资本投资农业合作收益的影响机理；最后，采用农业农村部2016年对全国31个省份、91个县（市、区）的家庭农场监测调研数据，实证分析了纵向协作紧密程度对协作主体合作收益的影响。本章仍然属于全书的"分析问题"环节。

第一节　不同纵向协作模式下合作收益比较

交易费用理论认为，纵向协作能够降低产业链各环节的交易费用，基于此，工商资本投资农业应向纵向协作程度更高的形式发展，实践中是否如此，接下来将进行收益比较分析。我国学者根据不同的研究视角和目的，将纵向协作模式划分为不同类型。李霖（2018）根据纵向一体化程度，将协作模式划分为完全市场交易、基于关系的联盟、基于股权的联盟和纵向一体化；钟真、张琛和张阳悦（2017）按照纵向协作的紧密程度，将奶农合作社与上下游的协作划分为松散型、半紧密型和紧密型。参照相关研究，本书按照纵向协作程度的不同，将工商资本投资农业纵向协作划分为松散型模式、半协作型模式和全协作型模式，并在统一模型框架下比较不同合作模式的收益。

一、模型假设

参照戚振宇（2019）等的研究做如下假设：

假设1：假定农户、农民专业合作社、工商企业均为理性经济人，三类农业经营主体开展纵向协作的目的是实现自身收益最大化。

假设2：假定农户生产农产品的单位生产成本为 C_1，农民专业合作社收购农产品的单价为 P_1；农民专业合作社的单位交易成本为 C_2，工商企业收购农产品的单价为 P_2；工商企业加工初级农产品的单位加工成本为 C_3，销售农产品的单价为 P_3。

假设3：工商企业在销售农产品时的市场需求曲线为 $Q = m - nP$。目前，消费者越来越关注食品安全问题，绿色、有机高端农产品的市场需求不断扩大，农产品市场更近似是垄断竞争市场，工商企业拥有品牌和覆盖部分地区的销售网络优势，市场需求曲线向下倾斜。

二、松散型模式的收益

松散型模式的参与主体主要有农户、农民专业合作社和工商企业。在松散型模式中，农户、农民专业合作社、工商企业参与主体保持独立，是纯粹的市场买卖关系。工商企业根据生产经营需要在市场上随机收购农产品，农民专业合作社在市场上转售农产品，农户自主生产，出售农产品，交易方自由决定交易对象，价格随市场。工商企业具有一定的市场势力，通过调整农产品的市场价格和收购量实现经济收益最大化，在经营中处于主导地位；农民专业合作社通过调整 P_2，影响工商企业对初级农产品的需求量，进而实现收益最大化；农户出售初级农产品的价格 P_1 会影响中介组织的收购量，其通过调整 P_1 影响农产品产量和收益，以实现收益最大化。三类经营主体进行的是三阶段非合作博弈，接下来通过逆向归纳法求得三类经营主体的经济收益。

1. 工商企业的收益

工商企业的净收益 $R_3 = (m - nP_3)(P_3 - P_2 - C_3)$，其最优化问题可表示为：

$$\max(m - nP_3)(P_3 - P_2 - C_3) \tag{5-1}$$

令 $\dfrac{\partial R_3}{\partial P_3} = 0$，求得：

$$P_3 = \frac{m}{2n} + \frac{P_2 + C_3}{2} \tag{5-2}$$

此时，工商企业加工销售农产品数量为：

$$Q = m - nP_3 = \frac{m}{2} - \frac{n(P_2 + C_3)}{2} \tag{5-3}$$

2. 农民专业合作社的收益

假定工商企业加工销售的农产品数量等于农民专业合作社收购农户的农产品并出售的数量，此时农民专业合作社的净收益 $R_2 = \left[\dfrac{m}{2} - \dfrac{n(P_2 + C_3)}{2}\right]$ $(P_2 - P_1 - C_2)$，农民专业合作社的最优化问题可表示为：

$$\max\left[\frac{m}{2} - \frac{n(P_2 + C_3)}{2}\right](P_2 - P_1 - C_2) \tag{5-4}$$

令 $\dfrac{\partial R_2}{\partial P_2} = 0$，求得：

$$P_2 = \frac{m}{2n} + \frac{P_1 + C_2 - C_3}{2} \tag{5-5}$$

农民专业合作社收购农户的农产品并出售的数量为：

$$Q = \frac{m}{2} - \frac{n(P_2 + C_3)}{2} = \frac{m - n(P_1 + C_2 + C_3)}{4} \tag{5-6}$$

3. 农户的收益

农户出售农产品的数量等于农民专业合作社收购农户农产品的数量，所以农户的净收益 $R_1 = \left[\dfrac{m - n(P_1 + C_2 + C_3)}{4}\right](P_1 - C_1)$，农民专业合作社的收益最优化问题可用以下关系式表达：

$$\max\left[\frac{m-n(P_1+C_2+C_3)}{4}\right](P_1-C_1) \tag{5-7}$$

令 $\dfrac{\partial R_1}{\partial P_1}=0$，求得：

$$P_1=\frac{m}{2n}+\frac{C_1-C_2-C_3}{2} \tag{5-8}$$

此时，农户出售农产品的数量为：

$$Q=\frac{m-n(P_1+C_2+C_3)}{4}=\frac{m-n(C_3+C_2+C_1)}{8} \tag{5-9}$$

农民专业合作社转售给工商企业的农产品单价为：

$$P_2=\frac{m}{2n}+\frac{P_1+C_2-C_3}{2}=\frac{3m}{4n}+\frac{C_1+C_2-3C_3}{4} \tag{5-10}$$

工商企业对初级农产品加工后的单价为：

$$P_3=\frac{m}{2n}+\frac{P_2+C_3}{2}=\frac{7m}{8n}+\frac{C_3+C_2+C_1}{8} \tag{5-11}$$

以上计算得出农产品单价，基于此，在松散型模式下农户的收益为：

$$R_1=Q(P_1-C_1)=\frac{1}{16n}\left[m-n(C_3+C_2+C_1)\right]^2 \tag{5-12}$$

农民专业合作社的收益为：

$$R_2=Q(P_2-P_1-C_2)=\frac{1}{32n}\left[m-n(C_3+C_2+C_1)\right]^2 \tag{5-13}$$

工商企业的收益为：

$$R_3=Q(P_3-P_2-C_3)=\frac{1}{64n}\left[m-n(C_3+C_2+C_1)\right]^2 \tag{5-14}$$

综上所述，松散型模式的总收益为：

$$TR=R_1+R_2+R_3=\frac{7}{64n}\left[m-n(C_3+C_2+C_1)\right]^2 \tag{5-15}$$

三、半协作型模式的收益

半协作型模式主要指农户与农民专业合作社开展合作，接受合作社提供的统一购买农资、农机等相关生产服务，与农民专业合作社开展合作，组成利益联盟，通过农民专业合作社统一销售农产品。半协作型模式下，农户负责生产初级农产品，农民专业合作社负责与工商企业谈判，将农产品集中出售给工商企业，农户与农民专业合作社组成利益联盟，目的是追求联盟利益最大化，出售的农产品价格 P_{12} 会影响工商企业对初级农产品的需求量，通过调整 P_{12} 可实现合作收益最大化。工商企业通过调整加工后的农产品市场价格与产量实现收益最大化。半协作型模式参与经营主体进行的是两阶段动态博弈，接下来通过逆向归纳法求得博弈双方的经济收益。

1. 工商企业的收益

工商企业的净收益 $R'_3 = (m - nP_3)(P_3 - P_{12} - C_3)$，其最优化问题可表示为：

$$\max(m - nP_3)(P_3 - P_{12} - C_3) \tag{5-16}$$

令 $\dfrac{\partial R'_3}{\partial P_3} = 0$，求得：

$$P_3 = \frac{m}{2n} + \frac{P_{12} + C_3}{2} \tag{5-17}$$

工商企业加工销售农产品数量为：

$$Q = m - nP_3 = \frac{m}{2} - \frac{n(P_{12} + C_3)}{2} \tag{5-18}$$

2. 农户和农民专业合作社联盟的收益

假定工商企业加工销售农产品数量等于农户和农民专业合作社联盟的出售量，农户和农民专业合作社联盟的净收益 $R_{12} = \left[\dfrac{m}{2} - \dfrac{n(P_{12} + C_3)}{2}\right](P_{12} - C_2 - C_1)$，农户和农民专业合作社联盟的最优化问题可表示为：

$$\max\left[\frac{m}{2} - \frac{n(P_{12} + C_3)}{2}\right](P_{12} - C_2 - C_1) \tag{5-19}$$

令 $\dfrac{\partial R_{12}}{\partial P_{12}} = 0$，求得：

$$P_{12} = \frac{m}{2n} + \frac{C_1 + C_2 - C_3}{2} \tag{5-20}$$

农户和农民专业合作社联盟出售农产品的数量为:

$$Q = \frac{m}{2} - \frac{n(P_{12} + C_3)}{2} = \frac{m - n(C_1 + C_2 + C_3)}{4} \qquad (5-21)$$

工商企业对初级农产品加工后的单价为:

$$P_3 = \frac{m}{2n} + \frac{P_{12} + C_3}{2} = \frac{3m}{4n} + \frac{C_3 + C_2 + C_1}{4} \qquad (5-22)$$

在半协作型模式下农户和农民专业合作社联盟、工商企业的收益分别为:

$$R_{12} = Q(P_{12} - C_2 - C_1) = \frac{1}{8n}\left[m - n(C_3 + C_2 + C_1)\right]^2 \qquad (5-23)$$

$$R'_3 = Q(P_3 - P_{12} - C_3) = \frac{1}{16n}\left[m - n(C_3 + C_2 + C_1)\right]^2 \qquad (5-24)$$

综上所述,半协作型模式的总收益为:

$$TR' = R_{12} + R'_3 = \frac{3}{16n}\left[m - n(C_3 + C_2 + C_1)\right]^2 \qquad (5-25)$$

四、全协作型模式的收益

全协作型模式是指经营主体在种植或养殖生产环节、专业化服务环节、物流加工销售环节结成紧密的利益联盟模式,最终农产品产出按照契约出售给工商企业。

联盟的净收益 $R_{123} = (m - nP_{123})(P_{123} - C_3 - C_2 - C_1)$,联盟的最优化问题可表示为:

$$\max(m - nP_{123})(P_{123} - C_3 - C_2 - C_1) \qquad (5-26)$$

令 $\frac{\partial R_{123}}{\partial P_{123}} = 0$,求得:

$$P_{123} = \frac{m}{2n} + \frac{C_3 + C_2 + C_1}{2} \qquad (5-27)$$

联盟生产加工的农产品数量为:

$$Q = m - nP_{123} = \frac{m}{2} - \frac{n(C_3 + C_2 + C_1)}{2} \qquad (5-28)$$

综上所述,全协作型模式的总合作收益为:

$$TR'' = Q(P_{123} - C_3 - C_2 - C_1) = \frac{1}{4n}[m - n(C_3 + C_2 + C_1)]^2 \qquad (5-29)$$

五、不同合作模式的收益比较

松散型模式的收益为：

$$TR = \frac{7}{64n}[m - n(C_3 + C_2 + C_1)]^2 \qquad (5-30)$$

半协作型模式的收益为：

$$TR' = \frac{3}{16n}[m - n(C_3 + C_2 + C_1)]^2 \qquad (5-31)$$

全协作型模式的收益为：

$$TR'' = \frac{1}{4n}[m - n(C_3 + C_2 + C_1)]^2 \qquad (5-32)$$

可见，$TR < TR' < TR''$，全协作型模式的收益高于半协作型模式的收益，高于松散型模式的收益。换句话说，工商资本投资农业纵向协作程度越高，合作收益越高，提高工商资本投资农业的纵向协作程度有助于提高参与主体的收益。

第二节　纵向协作对工商资本投资农业合作收益影响的机理分析

工商资本投资农业开展纵向协作可以提升农户的市场势力，提高农户在市场交易中的谈判能力，降低市场交易风险和不确定性，还可以提升组织经营管理效率，促进农业新技术的研发和提高合作收益。纵向协作演化的动力主要来自三个方面：第一，提高分工协作程度和资源配置效率，增加合作收益；第二，提高人力资本积累水平，提升人力资本增收能力；第三，实现有效的纵向关系治理，降低交易费用，提高合作收益。总体来看，工商资本投资农业协作模式的纵向演化提高了农业产业链一体化程度，以分工协作程度提高和人力资本能力提升为目的的纵向演化，优化了生产要素资源配置结构，提高了农户增收能力；以交易费用降低为目的的纵向演化，提升了纵向协作关系治理的有效性，规避了市场风险和道德风险，提高了协作主体的合作收益。

一、以分工协作程度提高为目的的纵向协作演化

"工商企业＋农户"合作模式中，交易双方不存在或只存在不完全的商品契约，农业产业链中生产、加工、销售等环节相对独立，并未形成有效衔接。受生产要素制约，农户难以开展标准化、规模化的现代农业生产，工商企业也没有稳定的农产品来源渠道，不得不频繁搜寻交易对象，寻找农产品货源。随着农产品市场竞争日益激烈，消费需求不断升级，农产品市场格局不断变动，这种交易模式逐渐被"工商企业＋农民专业合作社＋农户"等新型协作模式取代，工商企业与农户之间的商品契约逐渐被要素契约取代，农业产业链的利益联结机制逐渐由松散走向紧密。"工商企业＋农民专业合作社＋农户"协作模式下，工商企业专注于农产品精深加工处理、远距离冷链物流、新产品研发、品牌建设等比较优势环节，农民专业合作社专注于农产品质量监测、对合作过程进行监管，农户则专注于农产品生产环节，此时工商企业有了稳定的、优质的农产品来源，农户有了稳定的销售渠道，协作分工主体各司其职，在生产经营管理上形成了较强的互补性，克服了各方面临的困境。随着纵向协作程度的不断加深，农业产业链的合作模式逐渐向纵深发展，协作主体逐渐形成稳定的合作，合作收益进一步增加。

本书借鉴钟真、张琛和张阳悦（2017）的研究，采用迈克尔·波特（1997）价值链分析法分析纵向协作程度对合作收益的影响。农业价值链可以划分为战略规划、技术研发、生产、加工、物流和品牌营销六个环节，这六个环节都可以增加整体价值链的价值，但是每个环节对整体价值链的价值贡献程度不同。按照波特的研究划分，农产品生产环节和加工环节对整体价值链的价值贡献较低，位于价值链曲线的底端；战略规划、技术研发、物流和品牌营销对整体价值链的价值贡献较高，位于价值链曲线的两

端（桂寿平和张霞，2006）。每个环节价值贡献的累计即是整体价值链的总价值。图 5-1 是两个假想的农业产业链，图 5-1（a）代表传统产业链类型，其特征是生产环节比较突出，图 5-1（b）代表现代产业链类型，其特征是相对于传统产业链类型，加工环节收缩，技术研发、品牌营销等高价值环节得到有效拓展，横轴增值环节长度增加。由于各个环节的价值贡献不同，所以不同农业产业链整体价值链累计总价值具有明显差异，呈现现代产业链累计总价值高于传统产业链累计总价值的特征。纵向协作程度的高低直接表现为参与价值链的长短，纵向协作程度越高，参与价值链向两端延伸的环节越多，各环节发展水平越高，整体价值链累计总价值越高。

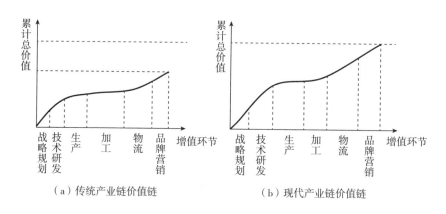

图 5-1　传统与现代产业链价值链对比情况

可见，随着农业产业链纵向协作程度的不断提高，产业链不同环节之间分工协作更为合理，资源优化配置，进而将更多的潜在生产利润内部化，提高了参与主体纵向协作的合作收益及产业链累计总价值。

二、以人力资本能力提升为目的的纵向协作演化

农户参与农业产业链、价值链的升级，通过推进标准化生产、农民专业技术培训等方式提高了农户的抗风险能力，增强了农户的增收能力（姜云长，2019）。工商企业通过缔结要素契约与农户或其他中介组织进行农产

品交易，有些契约规定了优质特色农产品收购时间、质量标准、数量和收购价格，有些契约还具体规定了生产标准和流程，如规定生产投入品化肥、农药的使用种类和使用频率，以保证农产品质量安全及源头可追溯。农户通过规范化的生产，提高了自身发展的能力。

首先，农户按照契约生产农产品，通过种子选购，肥料农药投入品采购，应用机械化作业实施精细作业，提高了农户的生产技术水平。尽管对于一些参与纵向协作的农户，提高农产品质量标准和应用新技术可能提高农产品的生产成本，但农产品质量提高获得的价格溢价或产量增加可以弥补生产成本的提高，从而提高了农户净收入。以河南荥阳市新田地种植专业合作社为例①，合作社为农户提供全程社会化服务，并总结出不同品种、不同区域、不同气候条件下的技术集成标准化生产流程，按照"选择原种、控制播量、适期晚播、控失配肥、飞防除草、飞防控旺、飞防统治、氮肥后移（弱筋小麦前移）、蜡熟收割"，每一个环节都制定了严格的生产标准细则，大大提高了农业生产技术水平和经营管理水平。

其次，农民专业合作社或工商企业能够为农户提供相应的生产技术活动所需的技术培训，农户之间通过增加交流，可以学习模仿调整农作物生产的作物结构或引进新品种，生产各环节均有章可循，通过技术支持，优化了生产经营管理方式。例如，河南荥阳市新田地种植专业合作社社长带领合作社社员到全国小麦工程技术研究中心和河南省农业科学院咨询，学习了解被称为"中国强筋之王"的新麦26品种。该品种比普通小麦价格高，主要用于面包粉加工，市场供不应求，合作社最终确定种植该品种，目前，合作社托管种植新麦26的面积已达10万亩。

最后，农户参与纵向协作，企业的原料生产车间被纳入农业全产业链体系，加入农业产业化经营，实现了农产品从田间地头到产品加工的全周期生产，进而与高端市场直接对接，有了稳定的、长期的销售渠道，或开拓网络电商销售、超市订单直供等方式，降低不确定风险和农产品市场风险，通过稳定销售价格或收益预期，增加合作收益。例如，河北省南和县

---

①　农业农村部.2019年全国农民专业合作社典型案例之四：河南荥阳市新田地种植专业合作社［EB/OL］.（2019－09－06）. http：//www.zgnmhzs.cn/yw/201909/t20190906_7189732.htm.

金沙河农作物种植专业合作社①实现了从田间地头直接对接下游粮食加工企业，每斤可节省运输储存费用0.04元，每亩可增收约96元。

随着农户加入农业产业链、价值链，农户有了更多的渠道与农民专业合作社、家庭农场以及其他新型农业经营主体或中介组织对接，这不仅促进了农业精耕细作，还提高了人力资本技术水平，增加了纵向协作的合作收益。

三、以交易费用降低为目的的纵向协作演化

工商资本投资农业过程中，协作主体建立或选择加入不同类型的协作模式，就是为了降低交易过程中的费用。有限理性和机会主义行为都可能增加交易活动的复杂性、不确定性、风险性，引起交易费用的增加。交易费用理论表明，交易资产的专用性、交易的不确定性及交易发生的频率都是影响交易费用的重要因素，完备的契约可以消除机会主义行为，但是实践中，由于交易主体信息不对称、有限理性，交易各方不可能签订一个将所有权益明晰化在契约中或通过契约确定全部不可预测的、包含所有事宜的契约，契约的不完全性为各种机会主义行为留有"公共域"（Maskin and Tirole，1999）。农业交易契约订立后，显性与隐性问题尤为突出。"工商企业 + 农户"合作模式下，由于契约不完全、有限理性、机会主义行为、"搭便车"行为，工商企业与农户之间的不确定性增加，违约现象屡禁不止，交易费用居高不下。

在其他条件不变的情况下，有效的治理结构可以降低交易费用，工商企业与农户交易费用过高是交易治理结构选择不合理的结果。有效治理结构主要由交易资产专用性程度和交易频率决定。农产品交易越频繁，资产专用性程度越高，投资者对交易的依赖程度越高，就越要选择有效的治理结构。在"工商企业 + 农户"模式中，交易的治理主要依赖第三方保证契约的实施，对应的是"三方治理"结构。然而，实践中工商企业与农户考

---

① 农业农村部. 2019年全国农民合作社典型案例之三：河北省南和县金沙河农作物种植专业合作社［EB/OL］.（2019 - 09 - 05）. http：//www. zgnmhzs. cn/fzdt/hzsfc/201909/t20190905_7189758. htm.

虑交易费用，多数放弃第三方，所以契约履行较为困难，交易费用显著提高。随着农民专业合作社等中介组织的介入，交易的监督、执行和管理程度被强化，对应的是"双方治理"结构，减少了农户与工商企业之间的机会主义行为，两者之间的契约关系逐渐稳定，利益联结方式逐渐紧密，实现了有效的关系治理，从而降低交易费用。农民专业合作社等中介组织更容易获得农户或工商企业的信任，这为实现有效的关系治理提供了条件，农户与工商企业为了实现自身利益最大化和建立长期稳定的协作关系，会在中介组织的监督管理下克制自己的行为，减少契约的违约行为。

可以看出，参与纵向协作的优势就在于协调各参与主体利益，通过监督管理内部机制的实施，降低由资产专用性、人的有限理性所致的机会主义行为，解决连续决策过程中由于契约的不完备所导致的各种形式的风险，进而降低交易费用。

第三节 纵向协作对工商资本投资农业合作收益影响的实证分析

农业农村部在 2016 年对全国家庭农场开展了监测调研，笔者作为黑龙江监测点调研人员参与了调研，获得了相关数据。本书的实证研究将借助相关调查研究数据，对全国范围内家庭农场这一新型职业农民群体进行分析，将家庭农场与农民专业合作社、工商企业联系起来，分析纵向协作紧密程度对家庭农场合作收益的影响。

样本选择基于以下考虑：一方面，以家庭农场为代表的新型职业农民群体是我国农业生产的直接参与者，其是否增收更能体现是否分享改革红利，是更需要被关注的群体。随着我国工业化稳步推进、城镇化快速发展，新生代农民离开农村进入城市打工生活，从非农领域获得工资收入成为兼业农户，农业生产收入已不再是家庭收入的主要来源。在农民收入重心转移的情况下，从全体农民的角度探讨可能降低合作水平。而以农业为主业的家庭农场，其收入大部分来自农业生产经营，通过农业劳动获得农产品生产经营收入，直接与工商企业开展纵向协作，相比深度兼业或其他分化的农民群体而言，其对于收益提高有着更强烈的诉求（刘同山和孔祥智，2018）。另一方面，目前对于农户参与不同协作模式是否促进其增收的研究，主要集中于某一区域或某一行业，如蔬菜、果品等领域，原因是微观数据获取比较难，要进行长时间的调查研究，本书从全国 31 个省份的视角研究，可以填补研究的空白。更进一步说，2020 年中央一号文件提出，重点培育家庭农场、农民合作社等新型农业经营主体，培育农业产业化联合体，通过订单农业、入股分红、托管服务等方式，将小农户融入农业产业链。未来新型职业农民将是我国现代农业发展的核心力量和中坚力量，对其进行研究可以客观地为发展新型职业农民提供更具针对性的政策建议。

此外，因为合作收益涉及所有参与主体的收益之和，难以精确统计，所以本书选择家庭农场合作收益这一代理变量进行处理。家庭农场合作收益的提高表明家庭农场收益的增加，也意味着双方合作总收益的增加。因为在家庭农场与工商企业的合作中，工商企业处于优势地位，甚至是主导地位，合作能够提高工商企业收益时，工商企业才愿意合作，如果家庭农场收益的提高是建立在工商企业收益下降的基础上，则双方可能无法达成合作。综上所述，本书的实证分析探讨的是纵向协作程度对家庭农场合作收益的影响。基于上述纵向协作影响工商资本投资农业合作收益的机理分析及变量选择的说明，提出如下假设：

假设 4：纵向协作有利于提高家庭农场合作收益。

假设 5：纵向协作通过技术和经营管理水平的提升促进家庭农场合作收益的提高。

一、模型设定

为了考察纵向协作对家庭农场合作收益的影响，即检验假设 4 是否成立，设定以下回归模型：

$$performance_i = \alpha_0 + \alpha_1 cooperation_i + controls + provinces + \varepsilon_i \qquad (5-33)$$

其中，$performance$ 表示家庭农场 i 的合作收益，从家庭农场收入的绝对量和相对量两个角度加以测度，即用家庭农场纯收入加 1 后取对数值表示家庭农场 2015 年合作收益的绝对水平，用全年纯收入比家庭农场自由劳动人员数和常年雇佣人员数之和作为家庭农场合作收益的相对指标；*cooperation* 为家庭农场是否参与纵向协作的虚拟变量；*controls* 表示影响家庭农场合作收益的其他控制变量，包括家庭农场是否加入农民专业合作社、家庭农场生产经营的客观条件、农场主自身条件等，此外，为了克服不同省份经济政策环境差异对回归结果造成的影响，还进一步在回归模型中加入了省份虚拟变量 *provinces*；ε 为随机误差项。

为了考察家庭农场参与纵向协作对家庭农场合作收益的影响机制，即考察参与纵向协作是否能够通过提高家庭农场技术和经营管理水平来提高家庭农场合作收益，本书借鉴 Baron 和 Kenny（1986）等研究的相关做法，设定以下中介效应模型：

$$performance_i = \alpha_0 + \alpha_1 cooperation_i + controls + provinces + \varepsilon_i \qquad (5-34)$$

$$man\&tec_i = \beta_0 + \beta_1 cooperation_i + controls + provinces + \varepsilon_i \qquad (5-35)$$

$$performance_i = \gamma_0 + \gamma_1 cooperation_i + \gamma_2 man\&tec_i + controls + provinces + \varepsilon_i$$
$$(5-36)$$

上述三式中，式（5-34）与式（5-33）设定完全一致，考察家庭农场参与纵向协作对其合作收益的影响效果。在式（5-34）中 α_1 显著的基础上，即在肯定参与纵向协作会影响家庭农场合作收益的基础上，进一步对式（5-34）和式（5-35）进行估计。式（5-34）考察了参与纵向协作对于家庭农场合作收益的影响，式（5-35）考察了技术和经营管理水平对家庭农场合作收益的影响。若 β_1 和 γ_2 同时显著，则假设 5 成立，即参与纵向协作能够通过促进家庭农场技术和经营管理水平提升进而提高家庭农场合作收益，其中介效应为 $\beta_1 \times \gamma_2$；若此时 γ_1 依旧显著，则家庭农场技术和经营管理水平为部分中介变量，参与纵向协作不仅直接提升家庭农场合作收益，而且能够通过促进家庭农场技术和经营管理水平，间接促进家庭农场合作收益提升；若控制了技术和经营管理水平后，式（5-36）中 γ_1 不再显著，则家庭农场技术和经营管理水平是完全中介变量，参与纵向协作仅能够通过促进家庭农场技术和经营管理水平提升进而提高家庭农场合作收益，参与纵向协作对家庭农场合作收益并不存在直接影响机制；若 β_1 和 γ_2 同时不显著，则纵向协作难以通过促进家庭农场技术和经营管理水平提升，提高家庭农场合作收益，假设5不成立。

二、变量选择与数据处理

如前所述，本书从家庭农场纯收入绝对值和人均纯收入相对值两个方面测度家庭农场合作收益。家庭农场是否参与纵向协作是本书的核心解释变量，依据家庭农场是否与工商企业有关联设置虚拟变量，有则赋值为1，否则为0。加入农民专业合作社将直接影响家庭农场在农业产业链中的谈判地位，有效保障自身利益的实现，对家庭农场合作收益将产生直接影响。为此，依据家庭农场是否加入农民专业合作社设置虚拟变量，并作为控制变量代入式（5-33）进行估计。此外，还控制了农场主年龄、受教育程度、接受专业培训等影响家庭农场合作收益的经营者因素，家庭农场劳动力数量、经营土地面积、是否采用"测土配方"技术等影响合作收益的家庭农场自身规模条件、技术条件和经营管理条件，政府补贴等影响家庭农场合作收益的外部条件等。各类变量及其设定方式如表5-1所示。

表5-1 变量设定

变量类型	变量名称	设定方式
被解释变量	纯收入	全年家庭农场纯收入加1后取对数值
	人均纯收入	全年家庭农场纯收入比家庭农场自有劳动人员数和常年雇佣劳动人员数之和
核心解释变量	纵向协作	依据家庭农场与工商企业是否有关联设置虚拟变量，有则赋值为1，否则为0
控制变量	是否加入合作社	依据家庭农场是否加入合作社设置虚拟变量，加入则赋值为1，否则为0
	亩均农资农机支出	农资投入品总成本与农机作业成本之和比家庭农场经营土地面积
	亩均农产品销售收入	全部产品销售收入比家庭农场经营土地面积
	劳动力数量	家庭农场自有劳动人员数和常年雇佣劳动人员数之和
	经营土地面积	家庭农场经营土地面积乘以每年复种次数
	农场主年龄	2015减农场主出生年份

续表

变量类型	变量名称	设定方式
控制变量	是否有注册商标	依据家庭农场是否有注册商标设置虚拟变量，有则赋值为1，否则为0
	是否有新的销售渠道	若家庭农场存在网络销售、订单销售、自营出口、直供超市或企业等销售方式，则赋值为1，否则为0
	农场主受教育程度	未上过学为0，小学为5，初中为8，高中或中专为11，职高或大专为14，本科为15，研究生或以上为17（年）
	是否接受专门培训	依据农场主是否接受过专门培训设置虚拟变量，接受过则赋值为1，否则为0
	常年雇佣劳动人员数	常年雇佣劳动人员个数
	"测土配方"技术	依据家庭农场是否应用"测土配方"技术设置虚拟变量，若应用则赋值为1，否则为0
	各类补贴	家庭农场获得各类补贴额度加1后取对数值
	是否为平地	依据家庭农场经营土地种类设置虚拟变量，以平地为主则赋值为1，否则为0
	是否为示范农场	依据家庭农场是否为县级以上示范家庭农场设置虚拟变量，是则赋值为1，否则为0

注：变量设定参考附录。

　　本部分所涉及的回归样本数据来源于2016年农业农村部对我国家庭农场监测调查数据。该数据共包含全国3073个家庭农场，涉及家庭农场基本情况、农场主基本情况、劳动力基本情况、土地情况、固定资产情况、融资情况、生产情况、产品销售情况、合作与社会化服务情况、补贴和保险、农场成本收益情况及其他12个方面。调查问卷第3题"农场经营范围"有种植业、养殖业和种养结合3个选项，选择种植业家庭农场，共获得2050个样本。依据上述设定方式设置各变量，其统计特征如表5-2所示。表5-2中是依据家庭农场是否参与纵向协作分成的两组样本，并分别给出了不同组农场净收入和人均净收入的样本统计特征。无论是从净收入来看，还是从人均净收入来看，参与纵向协作的家庭农场合作收益均优于未参与纵向协作的家庭农场。从均值来看，参与纵向协作的家庭农场净收入均值为2.957，高于未参与纵向协作的家庭农场净收入均值2.713；参与纵向协作的家庭农场人均净收入均值为 1.451，高于未参与纵向协作的家庭农场人均净收入均值 0.956；从最小值、最大值的比较来看，参与纵向协作的家庭农场合作收益最小值与最大值都大于未参与纵向协作的家庭农场。综上可见，参与纵向协作的家庭农场拥有更好的合作收益，这可能由于参与纵向协作为家庭农场经营管理和农产品销售带来了一定的便利条件，有利于促进家庭农场合作收益的提高，但这也仅仅是基于数据表面特征给出的初步猜想，仍需进一步进行实证检验。

表 5 - 2　变量的描述性统计分析

变量	样本量	均值	标准差	最小值	最大值
净收入	1967	2.757	0.956	− 2.303	7.304
人均净收入	2050	1.046	2.203	− 15.261	67.500
参与纵向协作净收入	349	2.957	1.011	0.000	7.304
未参与纵向协作净收入	1618	2.713	0.939	− 2.303	5.994
参与纵向协作人均净收入	373	1.451	4.154	− 1.874	67.500
未参与纵向协作人均净收入	1677	0.956	1.436	− 15.261	20.000
纵向协作	2050	0.182	0.386	0.000	1.000
是否加入合作社	2050	0.340	0.474	0.000	1.000
亩均农资农机支出	1909	4.328	74.078	0.000	2000.001
亩均农产品销售收入	2048	69.614	835.333	0.000	22727.270
劳动力数量	2050	6.586	6.338	1.000	58.000
经营土地面积	2050	557.394	1533.528	0.000	53400.000
农场主年龄	1946	44.936	8.669	18.000	82.000
是否有注册商标	2050	0.123	0.328	0.000	1.000
是否有新的销售渠道	2050	0.133	0.340	0.000	1.000
农场主受教育程度	2050	9.593	2.373	0.000	17.000
是否接受专门培训	2050	0.817	0.387	0.000	1.000
常年雇佣劳动人员数	2050	2.933	5.495	0.000	50.000
"测土配方" 技术	2049	0.594	0.491	0.000	1.000
各类补贴	2050	0.802	1.025	0.000	6.909
是否为平地	2050	0.696	0.460	0.000	1.000
是否为示范农场	2050	0.406	0.491	0.000	1.000

三、回归结果与分析

1. 基准回归

基于上述调查监测数据对式（5-35）进行估计，结果如表5-3所示。回归（1）和回归（2）给出了家庭农场参与纵向协作对合作收益的影响，其中，回归（1）的被解释变量为家庭农场净收入加1后的对数值，回归（2）的被解释变量为家庭农场人均净收入。从回归结果可以看出，家庭农场参与纵向协作对于家庭农场合作收益的回归系数分别在1%和5%的显著性水平下为正，并且家庭农场加入农民专业合作社对于家庭农场合作收益的两组回归系数均在5%的显著性水平下为正，说明家庭农场参与农民专业合作社和参与纵向协作能够有效促进家庭农场合作收益的提高，这一结果印证了假设4的推论。纵向协作是指农户加入农民专业合作社成为社员，在接受农民专业合作社提供的各项生产服务的同时，农产品产出由农民专业合作社统一按照契约销售给工商企业。

表5-3　基准回归结果

变量	(1)	(2)	(3)	(4)
	净收入	人均净收入	净收入	人均净收入
是否参与纵向协作	0.198 ***	0.331 **	0.302 ***	0.695 **
	(0.0570)	(0.144)	(0.0823)	(0.325)
是否加入合作社	0.110 **	0.246 **	—	—
	(0.0467)	(0.119)		
亩均农资农机支出	-0.00015	-0.0005	0.0001	-0.0004
	(0.0003)	(0.0008)	(0.00035)	(0.0014)
亩均农产品销售收入	$2.61e-05$	$9.99e-06$	$4.10e-05$	$7.19e-06$
	$(3.48e-05)$	$(8.97e-05)$	$(3.81e-05)$	(0.000154)
劳动力数量	0.0115	-0.0689 ***	-0.0244	-0.135 **
	(0.00979)	(0.0251)	(0.0159)	(0.0637)

变量	(1)	(2)	(3)	(4)
	净收入	人均净收入	净收入	人均净收入
经营土地面积	2.73e-05	0.0002***	-0.0001***	-0.0002
	(2.54e-05)	(6.58e-05)	(3.41e-05)	(0.000137)
农场主年龄	-0.00469*	-0.000325	-0.00466	-0.00233
	(0.00245)	(0.00617)	(0.00410)	(0.0164)
是否有注册商标	0.181***	0.521***	0.116	0.652*
	(0.0700)	(0.177)	(0.0995)	(0.393)
是否有新的销售渠道	0.177***	0.304*	0.0556	0.352
	(0.0655)	(0.165)	(0.102)	(0.402)
农场主受教育程度	0.00520	0.00957	0.00645	0.00639
	(0.00935)	(0.0237)	(0.0158)	(0.0621)
是否接受专门培训	0.0473	0.205	-0.105	0.340
	(0.0607)	(0.153)	(0.128)	(0.508)
常年雇佣劳动人员数	0.00397	0.118***	0.0483***	0.223***
	(0.0112)	(0.0287)	(0.0180)	(0.0717)
"测土配方"技术	0.214***	0.153	0.168**	0.0788
	(0.0443)	(0.112)	(0.0784)	(0.312)
各类补贴	0.137***	0.248***	0.144***	0.313**
	(0.0247)	(0.0630)	(0.0384)	(0.153)
是否为平地	0.0416	0.117	0.232**	0.753**
	(0.0523)	(0.132)	(0.0967)	(0.382)
是否为示范农场	0.136***	0.112	0.102	0.0239
	(0.0473)	(0.120)	(0.0783)	(0.311)
省份特征	控制	控制	控制	控制
Constant	2.272***	-0.254	2.500***	-0.612
	(0.204)	(0.520)	(0.333)	(1.326)
Observations	1744	1823	599	619
R-squared	0.263	0.141	0.357	0.183

注：***表示$p<0.01$，**表示$p<0.05$，*表示$p<0.1$，括号内为标准误。

为了考察上述结论是否具有稳健性，进一步剔除了未加入合作社的家庭农场，并基于式（5-33）进行估计，结果如回归（3）和回归（4）所示。从中可以看出，参与纵向协作对于家庭农场合作收益的回归系数依旧在 1% 和 5% 的显著性水平下为正，进一步说明了参与纵向协作对于家庭农场合作收益提高具有显著的促进作用。之所以参与纵向协作能够有效促进家庭农场合作收益的提高，可能是由于参与纵向协作能够有效促进家庭农场技术和经营管理水平的提升。一方面，纵向协作使得家庭农场在农产品育种、培育等方面获得工商企业的技术指导，进行绿色、有机农产品精细生产，提高农场科学技术水平和技术支持；另一方面，纵向协作有利于提升家庭农场经营管理水平，工商企业在经营、管理等方面给予家庭农场更多的指导，对于提高家庭农场农产品生产规模、种植结构合理化水平等具有一定的促进作用。本书将在后续实证分析中对上述作用机制进行实证检验。

从其他控制变量来看，农场主年龄越大，家庭农场合作收益越低，可能是由于年轻人从事家庭农场经营更容易接受新的管理思想、管理理念，对于新技术、新设备的接受程度更高，能够有效提高家庭农场经营管理水平和技术水平，因此，农场主年龄对家庭农场合作收益产生负向影响；劳动力数量对家庭农场合作收益的回归系数为负，可能是由于过多的劳动力投入不利于家庭农场机械化经营，抑制了家庭农场合作收益的提高；经营土地面积对于家庭农场人均净收入的回归系数为正，但会抑制家庭农场总的净收入的增长，这说明在家庭农场经营过程中，应努力实现劳动力规模投入与农场面积的匹配，提高家庭农场合作收益；是否有注册商标对于家庭农场合作收益的回归系数在回归（1）、回归（2）和回归（4）中均显著为正，说明品牌化经营有利于提高家庭农场合作收益；是否有新的销售渠道对于家庭农场合作收益的回归系数在前两组回归中均显著为正，说明拓宽农产品销售渠道对于提高家庭农场合作收益具有十分重要的作用；常年雇佣劳动力人员数对于家庭农场合作收益的回归系数在回归（2）、回归（3）、回归（4）中均在较高的置信水平下为正，说明家庭农场拥有固定的雇佣劳动者能够有效提高合作收益；使用"测土配方"技术对于家庭农场合作收益的回归系数在回归（1）和回归（3）中均显著为正，说明提高家庭农场技术管理水平有利于提高家庭农场合作收益；各类补贴对于家庭农场合作收益的回归系数在四组回归中均在较高的显著性水平下为正，说明补贴显著提高了家庭农场合作收益，因此，政府应当采取适当的补贴政策，助力家庭农场合作收益提高；是否为平地对于家庭农场合作收益的回归系数在回归（3）和回归（4）中均在较高的显著性水平下为正，说明平坦的土地具有更高的附加值，有利于家庭农场合作收益的提高；是否为示范农场对于家庭农场合作收益的回归系数在回归（1）中显著为正，说明示范农场具有更高的合作收益。

2. 作用机制分析

为了考察家庭农场参与纵向协作对于其合作收益的影响机制，进一步以人均净收入作为家庭农场合作收益的代理变量，基于式（5-34）至式（5-36）所示中介效应模型进行估计，结果如表 5-4 所示（回归过程中使用了 Ender 所编写的 Stata 程序）。从回归（1）中可以看出，参与纵向协作对于家庭农场合作收益具有显著的促进作用，估计结果与表 5-3 中回归（3）的估计结果一致。在此基础上，考察参与纵向协作对家庭农场科技与经营管理水平的影响，回归结果如表 5-4 中回归（2）所示，其中被解释变量为家庭农场科技与经营管理水平，该指标依据监测调查问卷中第 116 题设定。该题为农场 2015 年从合作社实际获得的服务有哪些，若农场主给出的选项中有 "A. 易于获得技术服务""F. 提高经营管理水平""G. 提高产品质量和品质"，则认为家庭农场从纵向协作中获得技术和经营管理水平提升，即赋值为 1，否则为 0。回归结果显示，是否参与纵向协作对于家庭农场经营管理水平提升的回归系数在 5% 的显著性水平下为正，说明参与纵向协作有利于家庭农场获取技术支持与提升经营管理能力。回归（3）进一步考察了参与纵向协作和家庭农场科技与经营管理水平提升对于家庭农场合作收益的影响，从中可以看出，家庭农场科技与经营管理水平对于其合作收益的回归系数在 10% 的显著性水平下为正，说明提高家庭农场科技与经营管理水平能够有效促进合作收益的提高。结合回归（2）中结果可以判断，参与纵向协作能够有效促进家庭农场科技与经营管理水平的提升，并进一步促进家庭农场合作收益的提高，这一结论与假设 5 一致。控制了家庭农场科技与经营管理水平对合作收益的中介机制后，回归（3）中是否参与纵向协作对于家庭农场合作收益的回归系数虽然为正，但并不显著。由此可见，科技与经营管理水平是家庭农场参与纵向协作进而提高合作收益的关键作用机制，其中介效应为 0.243，约占总效应的 73.53%；而参与纵向协作对于家庭农场合作收益并不存在直接作用机制。

表 5-4　中介效应检验

变量	(1)	(2)	(3)
	人均净收入	科技与经营管理水平	人均净收入
是否参与纵向协作	0.331 **	0.656 **	0.088
	(0.144)	(0.016)	(0.198)
科技与经营管理水平	—	—	0.371 *
			(0.208)
是否加入合作社	0.246 **	0.017	0.240 **
	(0.119)	(0.013)	(119)
亩均农资农机支出	-0.0005	-0.00002	-0.0005
	(0.0008)	(0.00009)	(0.0008)
亩均农产品销售收入	9.99e-06	-6.51e-06	0.00001
	(0.00009)	(0.00001)	(0.00009)
劳动力数量	-0.069 ***	0.003	-0.070 ***
	(0.025)	(0.003)	(0.025)
经营土地面积	0.0002 ***	0.00002 **	0.0002 ***
	(0.00007)	(7.52e-06)	(0.00006)
农场主年龄	-0.0003	-0.0006	-0.0001
	(0.006)	(0.0007)	(0.006)
是否有注册商标	0.521 ***	0.010	0.516 ***
	(0.177)	(0.020)	(0.177)
是否有新的销售渠道	0.304 *	0.039 **	0.290 *
	(0.165)	(0.019)	(0.165)
农场主受教育程度	0.010	-0.0004	0.010
	(0.024)	(0.002)	(0.024)
是否接受专门培训	0.205	0.002	0.203
	(0.153)	(0.018)	(0.153)

续表

变量	(1)	(2)	(3)
	人均净收入	科技与经营管理水平	人均净收入
常年雇佣劳动人员数	0.118***	0.0001***	0.118***
	(0.029)	(0.003)	(0.029)
"测土配方"技术	0.153	0.024*	0.144
	(0.112)	(0.013)	(0.112)
各类补贴	0.248***	0.003	0.247***
	(0.063)	(0.007)	(0.063)
是否为平地	0.117	−0.017	0.123
	(0.132)	(0.015)	(0.132)
是否为示范农场	0.112	−0.018	0.119
	(0.120)	(0.014)	(0.120)
省份特征	控制	控制	控制
Constant	0.254	−0.011	−0.250
	(0.520)	(0.059)	(0.519)
Observations	1823	1823	1823
R – squared	0.141	0.545	0.143

注：***表示 $p < 0.01$，**表示 $p < 0.05$，*表示 $p < 0.1$，括号内为标准误。

四、异质性分析

1. 异质性分析 I：区位异质性

一般来讲，不同地区土地利用的集约化程度、农业生产和经营管理水平等都存在较大差异，并且工商企业发展水平、农民专业合作社制度等也都存在地区特色，这些可能会导致家庭农场参与纵向协作对其合作收益产生差异化影响。为了检验参与纵向协作对家庭农场合作收益影响的区域异质性特征，本部分将研究样本细分为东部地区和中西部地区样本，并代入式（5 – 33）进行估计，结果如表 5 – 5 中回归（1）至回归（4）所示。从中可以看出，无论是家庭农场净收入，还是人均净收入，是否参与纵向协作对家庭农场合作收益的回归系数在四组样本中始终在10%以上的显著性水平下为正，说明参与纵向协作能够有效提高东部地区和中西部地区家庭农场合作收益，在作用方向上两组样本并不存在显著差异。为了进一步检验参与纵向协作对于东部地区和中西部地区家庭农场合作收益影响效果的区域异质性特征，进一步设置区域虚拟变量，即东部地区赋值为1，中西部地区赋值为0，并且设置是否参与纵向协作与区域虚拟变量的交乘项，一并代入式（5－33）进行估计，结果如回归（5）和回归（6）所示。从中可以看出，参与纵向协作对于家庭农场合作收益依然具有显著的促进作用，但是是否参与纵向协作与地区虚拟变量的交乘项回归系数虽然为正，但并不显著，说明参与纵向协作对于东部地区和中西部地区家庭农场合作收益促进作用的大小并不存在显著差异。由此可见，无论是在东部地区，还是在中西部地区，参与纵向协作对于家庭农场合作收益均具有显著的促进作用，并且作用效果强弱程度在东部地区和中西部地区不存在显著差异。

表5－5　区位异质性分析

变量	(1)	(2)	(3)	(4)	(5)	(6)
	东部地区		中西部地区		全样本	
	净收入	人均净收入	净收入	人均净收入	净收入	人均净收入
是否参与纵向协作	0.369 ***	0.414 **	0.160 **	0.319 *	0.153 **	0.323 *
	(0.0959)	(0.182)	(0.0702)	(0.190)	(0.0684)	(0.172)
交乘项	—	—	—	—	0.141	0.0254
					(0.118)	(0.299)
是否加入合作社	−0.0125	0.144	0.153 ***	0.317 **	0.110 **	0.246 **
	(0.0785)	(0.149)	(0.0571)	(0.156)	(0.0467)	(0.119)
亩均农资农机支出	−0.000122	−0.000665	−0.0213	0.0224	−0.000174	−0.000523
	(0.0003)	(0.00057)	(0.0163)	(0.0457)	(0.00032)	(0.00082)
亩均农产品销售收入	$1.86e-05$	$1.49e-05$	$7.58e-05$	0.000128	$2.38e-05$	$9.58e-06$
	$(4.24e-05)$	$(8.21e-05)$	$(5.59e-05)$	(0.000154)	$(3.48e-05)$	$(8.99e-05)$
劳动力数量	0.0240	−0.0732 **	0.00343	−0.0758 **	0.0114	−0.0689 ***
	(0.0191)	(0.0366)	(0.0113)	(0.0314)	(0.00979)	(0.0251)

变量	(1)	(2)	(3)	(4)	(5)	(6)
	东部地区		中西部地区		全样本	
	净收入	人均净收入	净收入	人均净收入	净收入	人均净收入
经营土地面积	4.63e−05	−0.000303	2.42e−05	0.0002 ***	2.81e−05	0.0002 ***
	(0.00018)	(0.00034)	(2.59e−05)	(7.26e−05)	(2.54e−05)	(6.58e−05)
农场主年龄	0.00179	0.000893	−0.0077 ***	−0.00146	−0.00474 *	−0.000335
	(0.00436)	(0.00814)	(0.00292)	(0.00795)	(0.00245)	(0.00618)
是否有注册商标	0.0696	0.248	0.222 **	0.638 ***	0.180 **	0.520 ***
	(0.108)	(0.207)	(0.0899)	(0.244)	(0.0700)	(0.177)
是否有新的销售渠道	0.143	0.366 *	0.220 ***	0.267	0.175 ***	0.303 *
	(0.102)	(0.194)	(0.0847)	(0.228)	(0.0656)	(0.165)
农场主受教育程度	−0.00869	0.00145	0.0188	0.00303	0.00535	0.00961
	(0.0152)	(0.0289)	(0.0117)	(0.0319)	(0.00935)	(0.0237)
是否接受专门培训	−0.0170	0.156	0.0591	0.267	0.0477	0.205
	(0.134)	(0.251)	(0.0679)	(0.186)	(0.0607)	(0.154)
常年雇佣劳动人员数	0.00384	0.209 ***	0.00616	0.0875 **	0.00413	0.118 ***
	(0.0218)	(0.0418)	(0.0129)	(0.0358)	(0.0112)	(0.0287)
"测土配方"技术	0.139 *	0.0493	0.257 ***	0.246 *	0.212 ***	0.153
	(0.0780)	(0.148)	(0.0534)	(0.146)	(0.0443)	(0.112)
各类补贴	0.0404	−0.0173	0.174 ***	0.448 ***	0.136 ***	0.248 ***
	(0.0414)	(0.0778)	(0.0314)	(0.0867)	(0.0247)	(0.0630)
是否为平地	0.389 ***	0.636 ***	−0.0289	0.0227	0.0450	0.117
	(0.130)	(0.242)	(0.0578)	(0.158)	(0.0523)	(0.133)
是否为示范农场	0.0678	0.0838	0.163 ***	0.0889	0.133 ***	0.112
	(0.0791)	(0.149)	(0.0589)	(0.162)	(0.0474)	(0.120)
省份特征	控制	控制	控制	控制	控制	控制
Constant	2.069 ***	0.0581	1.913 **	−0.480	2.271 ***	−0.255
	(0.357)	(0.668)	(0.868)	(2.430)	(0.204)	(0.520)
Observations	521	540	1223	1283	1744	1823
R−squared	0.248	0.266	0.299	0.144	0.263	0.141

注：*** 表示 $p < 0.01$，** 表示 $p < 0.05$，* 表示 $p < 0.1$，括号内为标准误。

2. 异质性分析Ⅱ：品牌化经营

品牌是市场竞争力的重要保障，工商企业或家庭农场实施品牌化经营战略能够有效扩展农产品销售渠道，提高农产品市场占有率，以此提高家庭农场合作收益。一般来讲，实施品牌化经营的家庭农场更容易参与到纵向协作中，并且能够凭借其市场竞争力、品牌价值等优势在与工商企业等协作主体的市场谈判中占据更多优势地位，具有更强的话语权。因此，是否实施品牌化战略能够在一定程度上影响家庭农场参与纵向协作的效果，并且对于纵向协作作用于家庭农场合作收益的影响产生显著的调节作用。为此，依据家庭农场是否拥有注册商标将样本进一步细分为品牌化经营家庭农场和非品牌化经营家庭农场两组子样本，并基于式（5-33）分别进行估计，结果如表5-6中回归（1）至回归（4）所示。从中可以看出，参与纵向协作对于家庭农场合作收益的影响在回归（1）、回归（2）和回归（3）中均在较高的显著性水平下为正，但在回归（4）中，是否参与纵向协作对于家庭农场合作收益的回归系数并不显著。由上述分析可知，无论是对于实施品牌化经营的家庭农场，还是对于非品牌化经营的家庭农场，参与纵向协作对于家庭农场净收入的提高均具有显著的促进作用；同时，对于实施品牌化经营的家庭农场，参与纵向协作能够有效促进家庭农场人均净收入的增长，但对于非品牌化经营的家庭农场，参与纵向协作对于家庭农场合作收益的回归系数虽然为正，但并不显著。因此，从整体来看，参与纵向协作对于品牌化经营的家庭农场和非品牌化经营的家庭农场的绩效均具有一定的促进作用。为了进一步考察上述促进作用的强弱是否存在显著差异，进一步设置品牌化经营虚拟变量，即家庭农场具有注册商标则赋值为1，表明家庭农场实施品牌化经营战略，否则赋值为0，表明家庭农场未实施品牌化经营战略。将家庭农场是否参与纵向协作这一变量与家庭农场是否实施品牌化经营战略这一变量做交乘项，并代入式（5-33）进行估计，结果如表5-6中回归（5）和回归（6）所示。从中可以看出，两组回归中交乘项估计系数分别在5%和1%的显著性水平下为正，这一结果表明，参与纵向协作对于实施品牌化经营的家庭农场绩效具有更强的促进作用，而对于未实施品牌化经营战略的家庭农场合作收益的促进作用相对较弱。

这符合前述预测，即实施品牌化经营的家庭农场可能具有更强的营销能力和市场竞争力，在与工商企业谈判等合作过程中具有更强的话语权，能够保障家庭农场在纵向协作中获得更多的收益。

表5-6　品牌化经营的异质性分析

变量	（1）	（2）	（3）	（4）	（5）	（6）
	品牌化经营		非品牌化经营		全样本	
	净收入	人均净收入	净收入	人均净收入	净收入	人均净收入
是否参与纵向协作	0.589 ***	1.916 **	0.131 **	0.0116	0.140 **	0.0396
	(0.169)	(0.893)	(0.0616)	(0.0943)	(0.0633)	(0.159)
交乘项	—				0.294 **	1.469 ***
					(0.141)	(0.351)
是否加入合作社	-0.189	0.400	0.136 ***	0.202 ***	0.111 **	0.249 **
	(0.170)	(0.890)	(0.0483)	(0.0745)	(0.0467)	(0.118)
亩均农资农机支出	-0.000263	-0.0005	-0.000156	-0.0003	-0.0002	-0.0007
	(0.0005)	(0.0024)	(0.00062)	(0.001)	(0.000316)	(0.000814)
亩均农产品销售收入	-5.83e-05	0.0003	3.79e-05	2.16e-05	2.69e-05	1.47e-05
	(0.0003)	(0.0016)	(3.41e-05)	(5.33e-05)	(3.47e-05)	(8.93e-05)
劳动力数量	-0.0163	-0.256	0.0179 *	-0.0332 **	0.0116	-0.0678 ***
	(0.0297)	(0.161)	(0.0105)	(0.0163)	(0.00978)	(0.0250)
经营土地面积	-0.0001	-0.002 *	3.04e-05	0.0003 ***	2.77e-05	0.0002 ***
	(0.0002)	(0.001)	(2.48e-05)	(3.90e-05)	(2.54e-05)	(6.55e-05)
农场主年龄	-0.00716	-0.0447	-0.00505 **	0.000968	-0.00467 *	-0.000268
	(0.00925)	(0.0478)	(0.00251)	(0.00384)	(0.00244)	(0.00614)
是否有注册商标	—		—		0.0940	0.0663
					(0.0815)	(0.207)
是否有新的销售渠道	0.137	0.528	0.236 ***	0.210 *	0.177 ***	0.302 *
	(0.167)	(0.885)	(0.0741)	(0.113)	(0.0655)	(0.164)
农场主受教育程度	-0.0235	-0.0368	0.00616	0.0100	0.00523	0.00984
	(0.0330)	(0.176)	(0.00966)	(0.0148)	(0.00934)	(0.0236)
是否接受专门培训	0.0828	0.572	0.0368	0.121	0.0533	0.232
	(0.492)	(2.401)	(0.0600)	(0.0921)	(0.0607)	(0.153)

续表

变量	(1)	(2)	(3)	(4)	(5)	(6)
	品牌化经营		非品牌化经营		全样本	
	净收入	人均净收入	净收入	人均净收入	净收入	人均净收入
常年雇佣劳动人员数	0.0669**	0.444**	-0.00981	0.0545***	0.00386	0.116***
	(0.0329)	(0.178)	(0.0120)	(0.0187)	(0.0112)	(0.0285)
"测土配方"技术	0.270	0.302	0.199***	0.203***	0.216***	0.163
	(0.173)	(0.914)	(0.0452)	(0.0695)	(0.0443)	(0.112)
各类补贴	0.125*	0.709*	0.136***	0.157***	0.137***	0.254***
	(0.0703)	(0.381)	(0.0268)	(0.0413)	(0.0247)	(0.0627)
是否为平地	0.243	1.129	0.0149	0.0110	0.0361	0.0883
	(0.221)	(1.146)	(0.0532)	(0.0817)	(0.0523)	(0.132)
是否为示范农场	-0.0579	-1.129	0.143***	0.195**	0.134***	0.106
	(0.171)	(0.903)	(0.0491)	(0.0756)	(0.0473)	(0.120)
省份特征	控制	控制	控制	控制	控制	控制
Constant	2.728***	-0.372	2.298***	-0.0319	2.268***	-0.278
	(0.990)	(5.155)	(0.207)	(0.320)	(0.204)	(0.517)
Observations	204	215	1540	1608	1744	1823
R-squared	0.418	0.247	0.261	0.224	0.265	0.149

注: *** 表示 p<0.01, ** 表示 p<0.05, * 表示 p<0.1, 括号内为标准误。

3. 异质性分析Ⅲ：专业培训

农场主是否接受专业技能培训是影响家庭农场合作收益的重要因素，同时也是家庭农场参与纵向协作的重要内容之一。农场主是否接受过专业技能培训在很大程度上影响家庭农场经营管理水平，并且进一步影响家庭农场在与工商企业纵向协作中的谈判地位。为了考察这一影响效果，进一步依据农场主是否接受专门培训，将样本细分为农场主接受专门培训的样本和农场主未接受专门培训的样本，并基于两组子样本，运用式（5-33）回归模型进行估计，结果如表5-7中回归（1）至回归（4）所示。基于农场主接受专业技能培训的样本进行估计的结果显示，无论是净收入绝对值，还是家庭农场人均净收入，参与纵向协作对于家庭农场合作收益的回归系数分别在1%和5%的显著性水平下为正,说明对于农场主接受专门技能培训的样本,参与纵向协作能够有效促进家庭农场合作收益的提高。而对于农场主未接受专门培训的样本,是否参与纵向协作对于家庭农场合作收益的回归系数均不显著。这一结果表明,农场主接受专业技能培训能够使家庭农场在参与纵向协作过程中采用更科学、合理的方法保障家庭农场自身利益,提高参与纵向协作的效果;而未接受专业技能培训的农场主在生产经营过程中,可能由于技术管理水平的限制,合作收益提高受限。

表5-7 农场主是否接受专门培训的异质性分析

变量	(1)	(2)	(3)	(4)
	接受专门培训		未接受专门培训	
	净收入	人均净收入	净收入	人均净收入
是否参与纵向协作	0.226 ***	0.393 **	0.133	− 0.264
	(0.0604)	(0.161)	(0.217)	(0.250)
是否加入合作社	0.0808	0.228 *	0.331 ***	0.310 **
	(0.0515)	(0.138)	(0.117)	(0.138)
亩均农资农机支出	− 0.000170	− 0.000582	0.690	1.209 **
	(0.000324)	(0.000885)	(0.493)	(0.560)
亩均农产品销售收入	2.81e − 05	1.65e − 05	0.000138	5.25e − 05
	(3.73e − 05)	(0.000102)	(0.000107)	(0.000128)
劳动力数量	0.00521	− 0.0770 **	0.0212	− 0.0592 **
	(0.0111)	(0.0300)	(0.0219)	(0.0256)
经营土地面积	3.19e − 05	0.0002 ***	0.0004	0.0004
	(2.62e − 05)	(7.17e − 05)	(0.0003)	(0.0004)
农场主年龄	− 0.00446	− 0.00157	− 0.00331	0.00260
	(0.00277)	(0.00737)	(0.00506)	(0.00588)
是否有注册商标	0.174 **	0.521 ***	0.373	0.385
	(0.0736)	(0.197)	(0.318)	(0.377)
是否有新的销售渠道	0.194 ***	0.324 *	0.238	0.0567
	(0.0702)	(0.187)	(0.210)	(0.247)
农场主受教育程度	0.00409	0.00596	0.00333	0.00832
	(0.0104)	(0.0280)	(0.0200)	(0.0233)

续表

变量	(1)	(2)	(3)	(4)
	接受专门培训		未接受专门培训	
	净收入	人均净收入	净收入	人均净收入
常年雇佣劳动人员数	0.0165	0.138***	-0.0349	0.0632**
	(0.0126)	(0.0342)	(0.0244)	(0.0287)
"测土配方"技术	0.225***	0.174	0.105	0.0535
	(0.0503)	(0.134)	(0.0913)	(0.107)
各类补贴	0.147***	0.292***	0.0553	-0.0530
	(0.0268)	(0.0722)	(0.0707)	(0.0826)
是否为平地	0.0422	0.0890	0.148	0.313***
	(0.0605)	(0.161)	(0.101)	(0.119)
是否为示范农场	0.0922*	0.0599	0.275***	0.428***
	(0.0530)	(0.142)	(0.105)	(0.123)
Constant	2.332***	0.00122	2.180**	-1.066
	(0.218)	(0.585)	(0.896)	(0.940)
Observations	1452	1521	292	302
R - squared	0.261	0.143	0.474	0.393

注：***表示 $p < 0.01$，**表示 $p < 0.05$，*表示 $p < 0.1$，括号内为标准误。

4. 异质性分析Ⅳ：受教育程度

类似于接受专业技能培训对家庭农场合作收益影响的调节机制，农场主人力资本水平同样会影响家庭农场经营管理水平，并影响家庭农场参与纵向协作过程中的各类决策。例如，家庭农场在与工商企业协作中难免会出现利益分歧，并且存在各类博弈行为，具有较高人力资本水平的农场主在与工商企业的博弈中更能够占据有利地位，保障家庭农场在纵向协作中获得相应的收益。为了考察不同人力资本水平条件下参与纵向协作对于家庭农场合作收益影响的差异化特征，基于农场主受教育年限均值将总样本细分为农场主受教育程度较高样本和受教育程度较低样本，并运用式（5-33）进行估计，结果如表5-8中回归（1）至回归（4）所示。从中可以看出，在回归（1）、回归（3）和回归（4）中，无论是农场主受教育程

资本下乡——工商资本投资农业纵向协作研究

度较高样本，还是受教育程度较低样本，参与纵向协作均能在一定程度上促进家庭农场合作收益的提高。为了进一步检验其作用效果大小的差异化特征，进一步设置农场主受教育年限和是否参与纵向协作两个变量的交乘项，并代入式（5－33）进行估计，结果如表5－8中回归（5）和回归（6）所示。从中可以看出，交乘项回归系数均为正，并且在回归（6）中通过了5%水平的显著性检验。上述结果表明，农场主受教育程度越高，家庭农场参与纵向协作越能够促进其合作收益的提高，这一结论符合前述预期。

表5－8　受教育程度的异质性分析

变量	(1)	(2)	(3)	(4)	(5)	(6)
	受教育程度较高		受教育程度较低		全样本	
	净收入	人均净收入	净收入	人均净收入	净收入	人均净收入
是否参与纵向协作	0.142 *	− 0.0477	0.193 **	0.583 **	0.192	− 0.966
	(0.0791)	(0.107)	(0.0812)	(0.269)	(0.240)	(0.603)
交乘项	—	—	—	—	0.0006	0.130 **
					(0.0234)	(0.059)
是否加入合作社	0.112 *	0.101	0.107	0.298	0.110 **	0.234 **
	(0.0627)	(0.0867)	(0.0682)	(0.225)	(0.0468)	(0.119)
亩均农资农机支出	0.000422	0.000243	− 0.001 *	− 0.0016	− 0.0001	− 0.0005
	(0.000409)	(0.0006)	(0.0006)	(0.002)	(0.0003)	(0.0008)
亩均农产品销售收入	4.65e − 05	6.41e − 05	− 7.44e − 05	− 7.64e − 05	2.61e − 05	2.07e − 05
	(3.57e − 05)	(5.00e − 05)	(9.64e − 05)	(0.0003)	(3.48e − 05)	(8.98e − 05)
劳动力数量	0.0169	− 0.0401 **	0.0106	− 0.0963 **	0.0115	− 0.069 ***
	(0.0138)	(0.0191)	(0.0138)	(0.0464)	(0.00979)	(0.0251)
经营土地面积	0.0007 ***	0.001 ***	3.32e − 05	0.0002 **	2.73e − 05	0.0002 ***
	(0.000139)	(0.0002)	(2.70e − 05)	(9.17e − 05)	(2.54e − 05)	(6.57e − 05)
农场主年龄	− 0.00460	− 0.00392	− 0.00474	0.00135	− 0.00468 *	3.27e − 05
	(0.00337)	(0.00459)	(0.00354)	(0.0117)	(0.00245)	(0.00617)
是否有注册商标	0.176	0.569 ***	0.203 **	0.482	0.181 ***	0.506 ***
	(0.108)	(0.151)	(0.0919)	(0.302)	(0.0701)	(0.177)
是否有新的销售渠道	0.385 ***	0.515 ***	0.0667	0.184	0.177 ***	0.316 *
	(0.0977)	(0.132)	(0.0880)	(0.291)	(0.0656)	(0.165)

续表

变量	(1)	(2)	(3)	(4)	(5)	(6)
	受教育程度较高		受教育程度较低		全样本	
	净收入	人均净收入	净收入	人均净收入	净收入	人均净收入
农场主受教育程度	0.0359	0.0224	0.00955	0.0215	0.00510	−0.0120
	(0.0283)	(0.0392)	(0.0242)	(0.0784)	(0.0101)	(0.0256)
是否接受专门培训	0.0850	0.165	−0.0332	0.204	0.0474	0.216
	(0.0741)	(0.102)	(0.0995)	(0.327)	(0.0608)	(0.153)
常年雇佣劳动人员数	−0.0110	0.059***	0.0083	0.171***	0.004	0.117***
	(0.015)	(0.021)	(0.016)	(0.054)	(0.011)	(0.029)
"测土配方"技术	0.112*	0.0666	0.310***	0.232	0.214***	0.143
	(0.0579)	(0.0797)	(0.0678)	(0.223)	(0.0444)	(0.112)
各类补贴	0.0639*	0.0736	0.139***	0.311***	0.137***	0.242***
	(0.0353)	(0.0490)	(0.0350)	(0.116)	(0.0247)	(0.0630)
是否为平地	−0.0399	−0.0981	0.144*	0.337	0.0417	0.123
	(0.0677)	(0.0934)	(0.0801)	(0.263)	(0.0523)	(0.132)
是否为示范农场	0.114*	0.139	0.168**	0.0979	0.136***	0.117
	(0.0649)	(0.0890)	(0.0688)	(0.229)	(0.0473)	(0.120)
Constant	2.092***	0.270	2.293***	−0.631	2.273***	−0.0656
	(0.336)	(0.464)	(0.407)	(1.348)	(0.206)	(0.526)
Observations	915	952	829	871	1744	1823
R − squared	0.327	0.329	0.309	0.144	0.263	0.143

注：***表示 $p < 0.01$，**表示 $p < 0.05$，*表示 $p < 0.1$，括号内为标准误。

综上分析，家庭农场参与纵向协作能够有效提高其合作收益，这主要得益于家庭农场在与工商企业合作过程中技术和经营管理水平的提升。通过异质性分析发现，无论是从作用方向看，还是从作用力大小看，参与纵向协作对家庭农场合作收益的影响并不存在显著的区域异质性特征，纵向协作对东部地区和中西部地区家庭农场合作收益的提高均具有显著的正向促进作用。实施品牌化经营、农场主参与技能培训和农场主受教育程度较高的家庭农场，参与纵向协作更能够促进家庭农场合作收益的提高。因此，应当提高农场主人力资本水平，鼓励家庭农场实施品牌化经营战略，使家庭农场在与工商企业进行纵向协作过程中能够获得更多的话语权，进而提高家庭农场合作收益。

第六章
工商资本投资农业纵向
协作的案例研究

　　前述研究认为，工商企业、农户和农民专业合作社之间合作收益的公平分配满足了协作主体的利益诉求，使得演化博弈模型中的协作区域面积增大，提高了工商企业与农户间开展纵向协作的概率。随着纵向协作主体声誉资本的积累，协作主体对合作保持足够的耐心，增加彼此的信任，协作主体之间的合作趋于稳定，从而激励主体建立纵向协作程度更高的协作模式，合作收益进一步增加，利益联结更为紧密，进而实现多方共赢。本章将剖析三个典型案例，以证明前文理论观点。现实中，随着工商资本投资农业纵向协作程度的加深和农业产业组织形态的演进，合作经营过程中利益联结的内涵更加丰富，外延不断拓展，通过案例研究可以更清晰地演示不同利益联结形态下多元协作主体的收益分配过程及结果，更好地诠释不同利益联结机制、盈余分配机制和声誉机制形成的机理。因此，拟通过典型案例研究方法进行研究。案例选取了温氏集团、正大集团和鸿源集团三家工商企业，有的从事养殖类，有的从事种植类，且纵向协作的模式和合作收益分配各有不同，所以比较典型和具有代表性。

第一节 温氏集团纵向协作案例

一、案例背景

温氏食品集团股份有限公司（简称温氏集团）创立于1983年，成立初期由7户8股共集资8000元开始创业，目前在全国23个省（区、市）共建成160多家一体化公司，已发展成一家以养鸡、养猪为主导，兼营食品加工的多元化、跨行业、跨地区发展的现代大型畜牧企业集团①。温氏集团成功的关键在于将农户纳入公司生产经营链条、共建共享体系之中，促进了农村养殖由散养模式向规模化现代养殖模式的转变，纵向协作模式的开拓性创新和对农户增收的带动效应，积累了充足的声誉资本，释放了巨大的生产潜力和收益潜能，实现了合作共赢。2019年温氏集团畜禽养殖数据显示，全年上市肉猪1851.66万头，肉猪类营业收入及毛利同比分别增长23.83%和189.57%；上市肉鸡9.25亿只，同比增长23.58%，上市肉鸭4040.65万只，同比增长28.96%，肉鸡（鸭）类产品营业收入及毛利同比分别增长33.9%和50.53%；奶牛存栏量超过2万头。食品加工数据显示，全年鲜品鸡销售量为9130.94万只，熟食鸡销售量为1046.97万只，销售原奶8.69万吨、成品奶1.86万吨。财务数据显示，集团控股公司共计326家，全年总销售收入731.20亿元，同比增长27.57%；上市公司股东净利润139.67亿元，同比增长252.94%②。

温氏集团在30多年的发展历程中，非常注重构筑核心竞争力，尤其是产品研发和专业技术实力。2019年，集团共投入研发经费5.7亿元，新立项科研项目193项；集团内部表彰的科技进步奖101项、科技成果奖97项；

---

① 参见温氏食品集团股份有限公司官网，https://www.wens.com.cn/。
② 数据来源于2019年温氏股份年度报告。

获得国家科学技术进步奖 2 项、省部级科技奖 5 项、新兽药证书 1 项、国家计算机软件著作权 25 项；获得授权发明专利 18 项、实用新型专利 34 项。截至 2019 年末，集团累计获国家级科技奖项 8 项、省部级科技奖项 58 项、畜禽新品种 9 个（其中猪 2 个，鸡 7 个）、新兽药证书 35 项、国家计算机软件著作权 59 项；拥有有效发明专利 148 项（其中美国发明专利 3 项）、实用新型专利 265 项。

二、温氏集团纵向协作模式的创新与迭代升级

从产业链协作模式的探索来看，温氏集团最初采用"工商企业 + 农户"模式，由于企业针对众多散户签约的交易费用高昂、农户进行自动化养殖前期投入成本较高、户均合作收益较低等弊端，对企业和农户长期稳定合作形成了瓶颈，2013 年温氏将协作模式升级为利益联结更为紧密的"工商企业 + 家庭农场"模式，这一转变让合作农户"养得更多，收益也更好"。数据显示，2013 ~ 2017 年，温氏集团合作农户数量仅增长 2.2%，合作收益却增长了 108%[①]。

温氏集团"工商企业 + 农户（或家庭农场）"模式的合作流程如图 6 - 1 所示。集团公司与有合作意向的农户（或家庭农场）进行双向选择，通过对拟合作农户（或家庭农场）品行、劳动力、资金、场地等进行考察后，遴选合格农户，并指导拟合作农户（或家庭农场）按照技术标准自行建设或改造原有养殖场。养殖场验收合格后，合作农户（或家庭农场）申请开户，同时缴纳合作养殖保证金，签订委托养殖合同，确定委托养殖合作关系，集团公司提供全方位的生产养殖服务，为合作农户（或家庭农场）提供种苗、饲料、兽药等生产投入品，以及饲养管理、疾病防治等技术服务支持和技术服务指导，并对养殖全程进行监督和管理。当规范化饲养达到上市天龄后，集团公司将对产品品质进行检测，符合上市标准的统一组织完成市场销售。合作收益的结算根据委托养殖合同约定的产品回收单价乘

---

① 有一种憧憬的力量——温氏模式的乡村振兴图景 ［EB/OL］. （2018 - 12 - 31）. http：// www. xinhuanet. com/politics/2018 - 12/31/c_ 1123931655. htm.

以畜禽上市总重量得出合作农户（或家庭农场）此批次畜禽养殖的总收入，扣除饲养期间合作农户（或家庭农场）在公司所领取的种苗、饲料、药物等投入品费用，即为合作农户（或家庭农场）最终的养殖总收益。通常情况下，合作农户（或家庭农场）的生产合作收益若优于标准生产指标，则可获得超额收益；若低于标准生产指标，则获得较低收益。对取得低于平均收益的合作农户（或家庭农场），集团公司将对比分析其与周边合作农户（或家庭农场）的生产收益，查找具体原因。若是由合作农户（或家庭农场）饲养管理不规范造成的，则养殖收益下降（并非资产）的损失由农户自己承担，若是由集团公司管理不到位或不可抗力因素造成的，集团公司与农户采取协商的方式，酌情给予补贴。

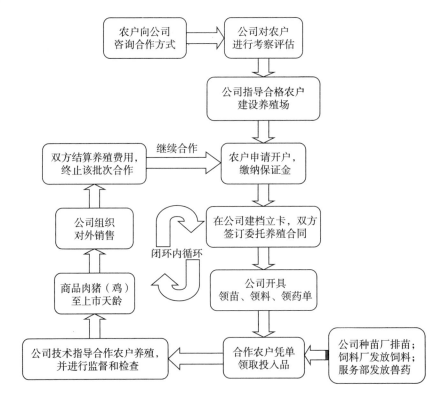

图6-1 温氏集团"工商企业＋农户（或家庭农场）"模式流程

资料来源：2019年温氏股份年度报告。

近年来，由于家禽畜类养殖环保标准不断提高，中小农户受资金、技术和人力资本水平的限制，依靠自身能力进行现代农牧规模化养殖受限，加之随着工业化、城镇化的发展，农户分化的趋势性增强，温氏集团对"工商企业＋家庭农场"模式进一步开拓性创新、迭代升级，于2018年末将合作模式升级为"工商企业＋养殖小区"模式，即集团公司负责整个养殖小区的土地流转租地事宜，并做好通水、通电、通路和平整土地的基础设施建设工作，以及养殖小区建设规划和经营许可证照的办理工作，最后再与有意向合作的农户（或家庭农场）对接。

目前，"工商企业＋养殖小区"模式的合作形式主要有三种：一是集团公司在养殖小区内自建养殖场，农户可以到养殖小区内租赁养殖场与公司合作养殖。集团公司再从合作农户的委托养殖费用中分批次扣除养殖场的租金，合作剩余是合作农户的养殖合作收益。二是合作农户自己出资，根据集团公司标准在养殖小区内建设标准化、高效化养殖场，再与集团公司合作养殖。这类型农户通常是集团公司的长期合作农户，与公司签订的是长期且比较稳定的合作协议。三是集团公司引进社会投资者或政府农业引导基金（通常是扶贫资金）在养殖小区内投资建设标准化、高效化养殖场，吸收合作农户到养殖小区内租用这些养殖场，其目的是引导贫困农户租用养殖场，在养殖小区内与集团公司合作养殖。

与"工商企业＋农户（或家庭农场）"合作模式相比，"工商企业＋养殖小区"模式的优势在于：一方面，养殖小区由集团公司统一规划，统一建设标准，可以实现集约化、高效化现代养殖，且农户集中化管理可以提高集团公司管理绩效；另一方面，就单批饲养规模来看，合作农户单批饲养规模大幅提高，年养殖效率和经济合作收益随之提高。集团公司在广东省云浮市新兴县簕竹镇红光云秋洞养殖小区进行了试点，首批25000羽鸡苗单批存栏肉鸡最高可达24万羽，"养殖上楼""清洁养殖"等现代化生态养殖理念的成功植入，取得了很好的规模经济合作收益。从"工商企业＋农户"模式到"工商企业＋家庭农场"模式，再到"工商企业＋养殖小区"模式，温氏集团在不断拓展创新纵向协作模式的过程中，通过委托养殖费用补贴、设置效率提高奖励等方式，促进了合作农户养殖集约化、自动化水平的提高，合作农户单批次饲养规模逐渐扩大，并保持适度规模发展，兼顾规模与合作效益的结构优化，进而农业生产经营稳步向现代家庭农场经营方向升级，农户也稳步向职业农民转型。

三、温氏集团流程价格机制与合作剩余的帕累托改进

建立纵向协作联盟最核心的问题，也是关系联盟稳定性的关键问题，就是合作收益在各协作主体之间的分配问题。温氏集团借助流程价格机制和合作收益公平分配机制，破解了契约约束脆弱性和协调困难问题，促进了组织协同进化，公司与农户之间合作收益的分配从分配式谈判的零和博弈，演化为综合式谈判的正和博弈（万俊毅和欧晓明，2010）。

温氏集团流程价格机制可以保护农户合作收益预期。合作农户的生产完全被纳入温氏集团的合作计划中，农户从温氏集团领取的投入品等中间品和温氏集团回收的家禽畜成品价格基于温氏制定的明确价格，这个价格被称为"流程价格"，不会随行就市，特点在于：其一，流程价格要高于市场价格，其目的是将产业链各环节的投入品锁定在联盟内部，流程价格进一步强化了产业链条上投入品的资产专用性。其二，流程价格的调整空间是在合作协议中事先规定的，价格调整不能随心所欲，只能在高位和低位价格之间波动，且每次价格调整的幅度不得高于10%，这样合作双方就形成了较为稳定的收益预期，降低了机会主义行为，增强了联盟内部的抗市场风险和不确定性风险的能力。流程价格机制的核心是联盟合作收益的公平分配。温氏集团根据宏观经济运行情况、农业利润率和不同地域农户收入水平等因素确定农户的饲养利润和回收价格，然后在既定的回收价格下沿产业链向上追溯，确定中间投入品调拨价格。回收价格的确定采用内部核算单位（米运生和罗必良，2009），关系到温氏与农户合作收益分配的多寡。在销售价格既定的情况下，回收价格越接近销售价格，农户分配到的合作收益越多，越向成本价格靠近，公司得到的合作收益越多。

温氏集团的核心价值观是"齐创共享"，主要体现在对农户的合同承诺机制上。温氏集团将产业化经营中获得的行业利润与农户进行"五五分

成"，并承诺无论市场处于何种经营环境，都保证养鸡户每只鸡有 1～1.5 元的获利空间，如有亏损则公司自行承担。市场行情低迷时，温氏照样履行合同收购价，价格高涨时，公司与农户公平分享市场的合作收益。1998 年，受香港禽流感疫情的影响，温氏集团每天亏损额达 130 万元，为保证农户的收益预期，其坚决履行契约上每只鸡不低于 1 元的承诺，此次禽流感疫情期间累计亏损超过 6000 万元，集团公司甚至差一点破产。再如，2003 年"非典"疫情期间，在亏损严重的情况下，温氏集团仍保证其对农户做出的获利承诺，集团公司总体亏损 16233 万元。温氏集团一诺千金，按照合同承诺确保农户利益，取得了农户的信任，积累了充足的声誉资本，奠定了在农户心中的地位。农业产业链纵向协作实现了有效的契约联结，温氏集团运用信任、互惠、合作收益公平分配、声誉等关系治理，增强了企业的核心竞争力，提高了对农户利益的关系治理能力。温氏模式的成功不仅在于农户缴纳的保证金兼有专用性投资和规避管制融资的功能，还在于其独特的流程价格机制设计强化了产业链上的资产专用性，能够实现公平分配的目标。流程价格机制与合作收益的公平分配保证了农户合作收益的总体稳定和收益的持续增长。

在温氏集团主导的温氏模式中，农业产业链的纵向协作程度不断提高，对于资金需求密集、技术研发密集和人力资本水平较高的生产环节，集团公司发挥组织优势和专业技能优势，合作农户发挥人力资本优势，在集团公司统一品种、统一防疫、统一投入、统一销售下，提高了农户与市场对接的能力，有效规避了市场价格风险向单个合作农户传导的劣势，集团公司确保了农产品质量和食品安全，引导集团企业经营效益屡创新高，逐步走向规模化、国际化。在公平流转价格机制和分配机制的激励下，农户、家庭农场等新型农业经营主体也逐步获得稳定、持续增长的合作收益，不仅从联盟合作中获得了劳动报酬，还掌握了超越结果公平的养殖技术和管理技能，提高了自我发展能力（万俊毅和欧晓明，2010）。可见，合理、高效的纵向协作模式和公平的合作收益分配机制是温氏集团快速成长、发展的关键。

第二节 正大集团纵向协作案例

一、案例背景

正大集团于 1921 年创立，在泰国被称为卜蜂集团，简称 CP Group。集团创立伊始，经营单一业务正大种子庄，经过近百年的发展，已成为一家以农牧食品、电信电视和商业零售为核心事业，同时在金融、房地产、制药、机械加工等行业和领域发展的多元化跨国集团公司。1979 年，正大集团获得批准证书"深外资证字 0001 号"，成为第一家进入我国的外商投资企业。20 世纪 90 年代，正大集团将肉鸡育种孵化与饲料生产、养殖、屠宰及深加工一体化经营引入我国。21 世纪，正大集团提出安全、生态、高效、现代的食品理念，打造从农场到餐桌的现代食品全产业链生产理念。农牧食品产业是正大集团在我国最主要的投资项目，目前已逐渐发展壮大成为囊括"种子—种植—饲料—智能化养殖工厂—技术先进屠宰线—现代化食品加工—冷链物流—终端销售"的完整现代农牧食品产业链。截至 2019 年底，正大集团在我国已设立企业近 600 家，下属企业遍布除西藏以外的所有省份，企业员工超过 9 万人，总投资额超 1200 亿元，年销售额近 1500 亿元①。

二、正大集团产业扶贫多元协作主体的融合发展

农牧食品产业是正大集团在我国最主要的投资项目，截至 2018 年 12 月，正大集团中国区农牧食品企业共 390 多家，投资总额为 540 多亿元，拥有员工近 5 万人。

---

① 参见正大集团官网，http://www.cpgroup.cn/。

正大集团作为农牧龙头工商企业，积极与农户、政府、农民专业合作社等相关主体开展深入协作，搭建农户与现代农业发展的桥梁，并在发展中不断探索和创新纵向协作模式。20 世纪 90 年代，正大集团实行"工商企业 + 农户"模式，企业给予农户一定的代养费用，后续回收农户的农产品，然而，实际上是农户给企业打工，农户很难真正分享到农业产业链的合作收益。正大集团本着为农服务的理念，经过不断的探索，开创了"政府 + 工商企业 + 银行机构 + 农民专业合作社"的四位一体模式（彭溪，2018），将政府、工商企业、银行机构和农民专业合作社的资源整合与重构，基于各主体的禀赋优势，合理配置技术、资金和土地等生产要素，通过分工协作，解决了农户资金短缺、技术匮乏、缺乏市场销路等难题，通过搭建多元化融资渠道和平台对接农民专业合作组织，并采取项目运作的方式，达成了工商资本投资农业合作多方共赢的目的。

正大集团与四川省梓潼县政府合作，研发了正大（梓潼）50 万头生猪全产业链项目，创新性地采取种养结合、生态循环"1 + 5"产业扶贫合作模式。在"1 + 5"产业扶贫新模式中，"1"代表四川省梓潼县委、县政府，是产业扶贫项目的发起者和组织者，责任是制定规划、搭建平台、整合项目、落实相关配套政策。"5"代表工商企业、金融机构、扶贫专业合作社、农场主和贫困户。正大集团的优势在于具有养殖专业技术、品牌和市场优势，其与扶贫专业合作社签订代养协议，制定养殖标准；金融机构的优势在于可以提供小额信贷资金，加上政府给予的贴息，很大程度上解决了农户资金短缺问题；扶贫专业合作社由贫困户与村集体投资入股组建，建立初期就制定了详细的利益分配机制，主要目的是带动贫困农户脱贫；农场主主要通过流转农地，种植蔬菜和水果，消纳生猪粪便，从而实现种养结合，发展生态农业；贫困农户融资渠道包括获得扶贫小额信贷、量化到户的项目补助资金、贫困村集体扶贫周转资金，农户加入扶贫专业合作社，按照土地折股获得分红。"1 + 5"产业扶贫合作模式综合了各参与主体的优势，优化配置政策、资金、技术、劳动力生产要素，逐步加深纵向协作程度，实现了多方共赢的局面。

如图 6 - 2 所示，在"1 + 5"产业扶贫新模式中，贫困农户通过入股扶贫专业合作社，与现代农业有机衔接。扶贫专业合作社的收益将主要用于偿还农户的小额信贷贷款，在贷款还清前，集体所获收益相对少一些，一般情况下，农户5年就能够还清贷款，其后收入逐渐稳定，并持续增收。在单栋"1100"生猪代养场（一栋一次可存栏1100头育肥猪）项目中，正大集团每年支付给扶贫专业合作社的代养养殖报酬约38万元，且养殖户不承担市场风险，其收益只与生猪养殖绩效相关，这种利益分配机制帮助农户规避了市场不确定性风险导致的损失，稳定了农户的收益预期。加入扶贫专业合作社的贫困户不仅实现了脱贫，还抑制了再次返贫。从村集体角度看，村集体通过入股扶贫专业合作社，为农户制定合作收益分配机制，确保贫困户有稳定的收入，从而提高了村集体扶贫能力。对于工商企业而言，正大集团拥有现代化的经营模式、先进的农产品种养殖技术，高标准"1100"生猪代养场的建设，不仅为集团提供了安全可靠的、符合高标准水平的生猪来源，还大幅降低了养殖过程中的运营成本，企业资本运营效率得到有效提升。

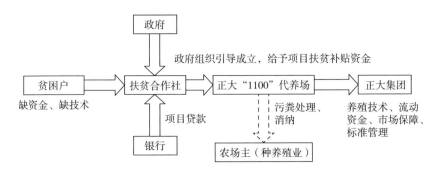

图6-2 正大集团"1+5"产业扶贫合作模式

"1+5"产业扶贫新模式与正大（梓潼）50万头生猪全产业链项目相结合，每年可出栏猪50万头、加工饲料30万吨、屠宰生猪加工10万吨，这样庞大的产业集群年产值约50亿元。3年来，正大集团扶贫专项资金（包括金融贷款）投入已超过3000余万元，依托生猪全产业链，采用国际顶尖的自动化生产工艺和设备，严格执行食品安全监督控制体系，建立全产业链双向可追溯体系，并通过了HACCP、ISO9000、ISO22000体系认证和英国零售商协会（British Retail Consortium，BRC）认证。截至2017年10

月，梓潼县 46 个贫困专业合作社建成投产 21 栋扶贫代养场，还有 6 栋正在建设中，直接辐射带动 780 户贫困农户，共计 1500 余人。2017 年上半年，每户贫困户增收 2000 元以上。2017 年 1 月，正大梓潼"1+5"产业扶贫新模式成功入选 2016 四川十大改革转型发展案例。

由"工商企业+农户"合作模式到"政府+工商企业+银行机构+农民专业合作社+贫困农户"五位一体的纵向协作模式，正大集团农业产业链不断向纵深化发展，在这一过程中，不仅种养殖运营成本不断下降，合作运营效率大幅提升，产生了可观的合作收益，而且还将四川省梓潼县贫困农户纳入纵向协作、产业化经营中，有效抑制了贫困农户脱贫后返贫的现象，创造了企业、政府、农户、农民专业合作社多方共赢的良性循环局面。

三、以紧密型利益联结稳定农户收益预期

2012 年 4 月，正大集团用时 2 年在北京平谷建成了亚洲单体最大、中国第一位的蛋鸡养殖场①，项目名称为北京平谷绿色方圆 300 万只蛋鸡现代化产业项目。项目运营总投资 7.2 亿元，总占地面积 779 亩，设配套父母代种鸡场 1 座，年产种鸡苗 400 万只；青年鸡场 1 座，年存栏量 100 万只；蛋鸡场 1 座，存栏量 300 万只。目前，每年可以产鲜蛋 5.4 万吨，包括液蛋 1.8 万吨和深加工蛋品 0.5 万吨，年产值达 6 亿元。

该项目运营遵循四位一体的纵向协作模式，合作主体包括正大集团、北京平谷区政府、绿色方圆农民专业合作社和农户，是典型的"工商企业+政府+农民专业合作社+农户"纵向协作模式。从项目融资结构看，项目发起者正大集团、北京平谷区政府分别占投资额的 15%，北京银行出资 70%，且北京平谷区政府提供政策支持，向北京银行进行全额贴息。从惠农主体看，北京绿色方圆畜禽养殖专业合作社是项目的法人主体，此项目共带动农户 1608 户，近 5000 人，其中土地出租农户 852 户，共 779 亩土

---

① 正大向媒体展示鸡蛋的"蛋"生之旅［EB/OL］.（2013 – 11 – 21）. http://www. xinm123. com/html/poultry/322933. html.

地,其余 756 户为无条件接受项目分红的残疾农户。从平台搭建上看,正大集团、北京平谷区政府、北京银行、北京绿色方圆畜禽养殖专业合作社联合成立了谷大农业投融资平台。项目投产后,谷大农业投融资平台将项目租赁给正大蛋业有限公司进行经营管理,双方签订不可撤销、照付不议的租赁协议,租期为 20 年,正大蛋业每年向正大集团和北京平谷区政府合资的谷大农业投融资平台支付租金,租金一部分用来偿还北京银行贷款、正大集团与北京平谷区政府的资本金,另一部分支付土地租金和北京绿色方圆畜禽养殖专业合作社分红。

从合作收益分配方式上看,北京绿色方圆畜禽养殖专业合作社分红机制共分为三个阶段:第一阶段,项目运营初期 1~8 年,期间为偿还北京银行贷款,每户每年可分得红利 5000 元;第二阶段,项目运营的 9~12 年,此阶段为项目发展阶段,为偿还资本金,每户每年可分得红利 7400 元;第三阶段,项目运营的 13~20 年,此阶段为项目成熟期,每户每年可分得红利 23900 元。项目所带动的 1608 户均可获得项目运营红利,累计估算,20 年每户可分得红利 26 万元。此外,852 户以土地入股的农户还可分得土地租金,租金以 5% 速度递增,2014 年租金为 1340 元,20 年租金约 4 万元。除了分红和土地租金收益外,农户还可以去正大蛋业打工,获得劳动工资性收入,数据显示,正大蛋业共吸纳劳动力就业 955 人,其中吸纳农业户口 499 人,占职工总人数的 52.3%。项目运行有效期为 20 年,20 年合约期满时,所有产权归北京绿色方圆畜禽养殖专业合作社成员所有①,合作社成员可选择继续经营,也可交由正大蛋业继续经营管理或租赁给其他企业,合同不可撤销。这类紧密型利益联结机制保障了农户的合作收益,将更多的市场风险和不确定风险转嫁给了投资运营企业。

正大集团的经营思路是"做企业并非是做慈善,要在实现国家、人民利益的前提下,再去谋求企业的利益"。②正大集团的信心源自政府和银行金融机构的支持,源自农户的信任,源自成熟技术的积累,源自销售渠道

① 正大平谷蛋鸡项目耗资 7.2 亿 20 年后归农民所有 [EB/OL]. (2014 – 08 – 08). http: //www. cpgroup. cn/Content. aspx? curID = 6697.

② 全球最大的农牧企业正大集团到底如何让中国农民富起来 [EB/OL]. (2016 – 12 – 10). https: //cj. zhue. com. cn/a/201612/10 – 278273. html.

的拓展等多重因素。正大集团这一项目已经实现年产值6亿元，覆盖了北京市40%鸡蛋市场，每年接待参观消费者4000人次。

纵向协作参与主体通过制定一定的合作收益分配参数或方式，合理分配生产经营收益，从而达到一种激励的效果。在这种协作激励下，有效地实现了纵向协作相关主体的利益诉求，最终使得协作趋向最优的状态。正大集团勇于承担社会责任，通过构建紧密的利益共享联结机制，以现代农业技术和规范化经营管理保障了农业收益，以四位一体纵向协作模式实现了合作的多方共赢，以多元化的合作分红、土地租金和劳动工资收入分配方式稳定了农户的收益预期，公平分配股权农户、企业成员等相关主体的利益。农户通过签订合作协议加入农民专业合作社，进而参与到农业产业链纵向协作中，有效规避了由市场价格波动和自然因素带来的风险，形成了稳定的收入预期，将农户生产经营风险转化给更具实力的正大集团，不仅发挥了工商企业抗风险能力强的优势，还成功克服了弱势农户抗风险能力弱的劣势。农户生产经营和发展的外部环境得到极大改善，成功对接要素市场和农产品销售市场。

第三节　鸿源集团纵向协作案例

一、案例背景

黑龙江孙斌鸿源农业开发集团有限责任公司（以下简称鸿源集团）位于黑龙江省桦南县，创立者孙斌是全国第二届十大杰出青年农民、全国十大种粮标兵。1989年，孙斌组建了龙坪个体水稻研究所，1998年又成立了桦南县富民优质水稻协会，1999年黑龙江省桦南鸿源米业有限责任公司成立（以下简称鸿源米业）。2000年，龙坪个体水稻研究所更名为孙斌优质水稻研究所，桦南县富民优质水稻协会也更名为桦南县富民绿色稻米协会。2002年，鸿源米业兼并了国有破产企业——桦南县粉米厂，同年鸿源米业被黑龙江省绿色食品开发领导小组认定为省级绿色食品产业化龙头企业，孙斌牌大米荣获佳木斯市名牌产品称号；2005 年，孙斌创办了农资科技连锁服务中心，有 89 个连锁店、2 个咨询解答室、2 个样品陈列室和 1 个农技110 服务热线；2009 年 3 月 5 日鸿源集团成立，其是由原鸿源米业、鸿源种业有限公司、鸿源农业科技服务有限公司、鸿源粮食贸易有限公司、益民现代农业农机专业合作社、桦南水稻专业合作社等企业资产重组后成立的集团公司①。鸿源集团注册资本 6000 万元，总占地面积 5.3 万平方米，建筑面积 3.5 万平方米，资产总额 18427 万元，年实现产值近亿元，是集种子繁育，生产资料供应，科学技术服务，水稻研发、生产、收储、加工、销售和农业生产全程服务于一体的黑龙江省农业产业化重点龙头企业、黑龙江省绿色食品龙头企业、黑龙江省高新技术企业和黑龙江省博士后科研成果三江平原粮食生产示范基地②。

目前，鸿源集团拥有平均年龄 32 岁的高素质员工 150 人；拥有 3 万亩良种繁育基地和 30 万亩 A 级绿色食品水稻标准化生产基地；年加工能力为绿色食品水稻 15 万吨。鸿源米业是鸿源集团主要的组成部分，其由孙斌优质水稻研究所和 2 个精洁米加工厂组成，早在 2013 年富民绿色稻米协会就有会员 3482 人、9 个分会和 48 个工作站③。

二、以科技持续创新引领双循环纵向协作

笔者在鸿源集团调研时发现，早在 1989 年，孙斌为保证水稻生产质量率先成立了面向社会的龙坪个体水稻研究所（2000 年更名为孙斌优质水稻研究所），主要从事水稻新品种研发，新技术、新肥料和新农药的试验和推广。进一步地，为降低农产品市场风险，于 1998 年帮助农户成立了桦南县富民优质水稻协会（以下简称水稻协会），水稻协会有会员培训、农资服

---

① 参见桦南县人民政府网站，http：//www. huanan. gov. cn/show/web_ id/1/menu_ id/1/x_ id/7021. html。

② 参见黑龙江孙斌鸿源农业开发集团有限责任公司官网，http：//www. hynykf. cn/。

③ 参见佳木斯市人民政府网站，http：//www. jms. gov. cn/html/index/select/search_content. html? ty = xwzx&keyword = % E5% AD%99% E6%96%8C% E4% BC%98% E8% B4% A8% E6% B0%B4% E7% A8% BB% E7% A0%94% E7% A9% B6% E6%89%80&siteid = MDAwMQ = =&page = 1&be =&en =。

务、技术咨询等功能，并经常通过免费培训方式为农户提供技术指导和支持。逐渐地，水稻研究所、水稻协会和订单农户就在农业产业链上形成了相互独立的有机组成部分。1999 年，鸿源米业成立，包含了水稻良种试验、生产技术研发和培训、农产品深加工和销售等整个农业产业链纵向分工协作，涵盖了农业生产产前、产中、产后的全部环节，鸿源米业成立初期是典型的"公司＋协会＋基地＋农户"纵向协作模式，如图 6－3 所示。

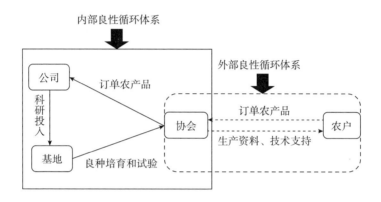

图 6－3　鸿源集团"公司＋协会＋基地＋农户"纵向协作模式

如图 6－3 所示，在鸿源米业的纵向协作关系中，一方面，农产品加工所获得的一部分合作收益被投入到水稻研究所，通过培育水稻优良品种，并在基地试验田获得成功种植后，由水稻协会向广大农户推广。水稻协会作为连接农户与公司的桥梁，其不仅负责为农户提供优良种子、农药和化肥等自行研发的高效低毒投入品，还对农户进行全过程技术指导和监督，帮助农户解决具体生产种植问题，并监督农户按绿色食品质量标准生产农产品，以保证公司收购到高质量的农产品进行加工和销售。随着农产品附加值的不断提高，公司收益也会持续增长，进而加大了对水稻研究所的资金投入。另一方面，水稻协会依靠水稻研究所为农户提供优质的农产品生产投入品，通过技术指导和支持，解决农户在耕种过程中遇到的问题，农户生产农作物质量和数量大幅提高，将提供更多优质农产品给公司，公司再"二次返利"给农户，进而提高农户合作所获收益。鸿源米业这样的合作动机，形成了外部和内部两大良性循环体系，内部良性循环体系，即公司、水稻研究所和水稻协会之间的良性循环；外部良性循环体系，即产业内部循环体系与农户之间的相互作用。可见，在此纵向协作模式中，水稻研究所的增效机制是良性循环体系建立和持续的关键，而水稻协会是良性循环体系之间沟通的桥梁（黄志宏，2006）。2008年，由企业领办组建鸿源水稻专业合作社，2009年，随着鸿源水稻专业合作社的不断发展，又相继组建益民现代化农业农机专业合作社、桦南镇鸿源农村资金互助社等组织，鸿源集团正式重组成立。

2019年，鸿源农业合作社有机水稻认证面积1500亩，种植过程中采用秸秆、稻壳、米糠还田技术，不仅提高了土壤的地力，人工除草、机械除草以及鸭子除草相结合，还有效促进了水稻生长和田间生态保护，即使农业自然风险较高时，合作社生态有机鸭稻亩产仍然在450公斤以上，每亩实现纯收入500～700元[①]。从水稻种子培育，到农业生产资料配送；从绿色有机水稻生产，到水稻精深加工；从订单农业，到农业科技、农业咨询的广泛普及和指导；从单一的水稻农产品销售，到多元化服务理念的植入，鸿源集团以科技创新为引领，以提高农户稻米生产技术能力为己任，开发了一条现代农业纵向协作发展的创新之路。

三、纵向协作共同体的形成与惠农分配制度的完善

为实现集团、农户等合作主体"权、责、利"投入与收益的互惠共赢、合理平衡，鸿源集团制定了"五统一""五必须""六免""一保证"等一系列合作机制。"五统一"即由鸿源集团统一平价提供优良稻种和制定种植计划，2018年鸿源集团通过严格筛选确定了4个优质品种种植计划；统一执行标准化生产操作，编制印发《绿色食品水稻标准化生产技术质量追溯操作规程》，并建立微信群，及时发布种植标准、肥药施用标准等信息，增加问题反馈渠道；统一供应肥药等生产资料，免费诊治病虫草害；统一协调大型农机具使用调度；统一检查验收，定期或不定期对农事活动进行检

---

① 抢抓晴好天气忙秋收［EB/OL］．（2019－10－22）．http：//www.jms.gov.cn/html/index//content/2019/10/f36b8cb27ebd4a28be9fcdfb088b25e7.html.

查。"五必须"是指鸿源集团必须提供生产投入品等生产资料，必须做好农作物生产全流程的跟踪服务，必须做好监督和检查工作，必须制定每个生产环节的标准，必须按照订单收购农产品和兑现承诺。种植户则必须同公司签订订单，必须使用公司配给的生产资料，必须按照规范化流程生产种植，必须如实填写生产档案。鸿源集团采用"五统一""五必须"就是为了引导农户有计划、有组织地进行农业标准化作业，保证生产的稻米符合绿色食品标准和生态食品标准要求，促进粮食提质进档。农户若按照公司要求生产，在没有明显自然灾害的情况下歉收，公司要承担责任，对农户进行赔偿。"六免"是指免费为农户提供新良种、新技术、新标准化操作流程的培训；免费印发生产操作流程规范、生产资料使用和气象预测手册等学习资料；免费给种植户提供与水稻专家和高级技术人员对接的机会，通过电话咨询、实地访查等形式为农户解决生产实际问题；免费深入到田间或生产大棚，进行技术应用和指导；免费为会员或订单农户提供病虫害诊治方案；免费帮助农户在农忙季节协调农业机械使用和协调秧苗。"一保证"是鸿源集团针对农户订立的惠农合作机制，是指在保证最低保护价收购订单的基础上，再随行就市，每公斤增加 0.2 元收购，即公司规定会在市场价和最低保护价中按高价收购，然后每公斤再加价 0.2 元。这实际上是在与农户共享农业产业链的合作剩余，让利于民，公司还在此基础上再加价 0.04元收购贫困农户的农产品，以及为贫困农户提供赊欠农业生产资料，待到秋收卖粮后再补交，且不计利息的特殊惠农合作机制。

笔者在调研时发现，鸿源集团拥有自己的科研基地，每年进行筛查试验、每年为合作农户提供免费咨询指导培训、高于市场价格收购等行为，不仅保证了企业原粮收购的质量和数量，提高了企业的经济效益，还为农户提供了规范化科技种田的指导与支持，提高了农户的自我发展能力，取得很好的社会效益，更是将农业技术直接转化为现实生产力，大大提高了农业科研成果转化率、利用率，实现了多方共赢的局面。以水稻为例，经过测算，如果水稻出米率提高 0.5%，就可以弥补公司前期的投入，实践中，鸿源集团采用自己研发中心的良种培育技术，每 50 公斤稻米的平均出米率提高了 0.8% ~ 1.3%，也就是说，其前期投入待到秋收时，就可以通过优质原粮和亩产提高获得回报，以实现农户、企业合作收益双提高。2018

年公司精米销售1100余吨，直接为参与的农户增收150余万元。

鸿源集团还进一步创新性地采用"粮食银行"的新型商业金融模式，对种植户的余量保值存储。种植户把收获后的余粮交付给集团公司后，公司给存粮户开具一张粮食存折，存折标明存粮数量、品种、等级及保值价格，存粮户用钱时可凭存折到集团公司兑换现金，同时可以用存粮偿还种地购买农资的欠款，也可置换其他生产资料。除此之外，存粮户还享受公司年终分红，2018年公司为存粮户分红利64万元。此外，集团公司还利用公司优品电商平台促进农户增收，2018年共集中帮助农户销售原粮800多吨，农户增收30余万元。

鸿源集团一系列共享合作收益制度的设立克服了农户与企业之间纯市场性交易的劣势，使得两者的关系不再是简单的市场交易关系，而是相互制约、相互依赖的紧密的利益共同体，使合作逐步走向稳定。这种情况下，公司不仅关心农产品带来的经济效益，其还关注农户的自我发展能力和所产生的社会效益；不仅严格履行合约，还信守承诺，坚持"利益共享、风险共担"，并在不断创新合作模式和机制中，与农户共享合作红利。鸿源集团常年信守承诺积累了丰裕的声誉资本，农户与集团企业之间达成了长期稳定的合作关系，众多农户纷纷加入鸿源集团开展更加全面、深入的合作。

第七章

主要结论与政策建议

本章首先阐述了本书的主要结论；其次，结合前面章节的分析和主要结论，提出完善工商资本投资农业纵向协作的对策建议，属于"解决问题"环节；最后，指出了本书的不足及展望。

第一节　主要结论

第一，随着新型农业经营主体的发展，工商资本投资农业纵向协作模式呈现多元化的发展态势。

20 世纪 90 年代后，由于政策和制度调整的边际激励，工商资本投资农业的步伐逐渐加快。伴随着农民专业合作社、家庭农场等新型农业经营主体数量的增长和规模的扩张，工商资本投资农业开展纵向协作模式逐渐多元化。从工商企业与农户关系的角度看，先后探索出"工商企业 + 农户"的商品契约模式和以"工商企业 + 农民专业合作社 + 农户"为主的农业组织化发展模式，主要有"企业 + 领办型合作社 + 农户""企业 + 自办型合作社 + 农户""企业 + 合办型合作社 + 农户"三种类型。工商企业、农户和农民专业合作社等主体以组织化或契约化的形式建立纵向协作，为了降低市场交易费用、规避交易过程中的机会主义行为，工商企业用要素契约代替了商品契约，通过农民专业合作社这一中介组织对市场的替代实现了企业边界的扩张，随着商品契约内涵的逐渐扩展，关系契约出现。农业微观组织形态的发展增强了农户参与市场交易和专业化分工的能力，这将重构资源要素优化配置结构和推进纵向协作模式不断革新。

第二，演化博弈分析认为，合作收益的公平分配使得演化博弈模型中的协作区域面积增大，能够提高工商企业与农户间开展纵向协作的概率。

研究构建演化博弈模型，通过工商企业与农户纵向协作行为演化动态过程分析，以直观展现合作收益分配情况对工商企业与农户间纵向协作的影响。研究认为，工商资本投资农业开展纵向协作，工商企业、农户和农民专业合作社等协作主体对合作收益的公平分配均存在强烈诉求，收益分配是多元利益主体频繁交易与重复博弈的结果。利益诉求的实现被视为一种价值标准，其潜意识规范协作主体的求利活动，督促其朝着合法化和合理化的方向发展。利益诉求的实现具体表现为协作主体合作收益的实际增长，工商资本投资农业合作收益中价值链增值收益的索取权和收益分配等报酬结构是利益诉求实现的具体体现。只有保证各主体参与协作时均获得高于不参与协作时的收益，使得双方均能从中受益，实现帕累托改进，才能防止道德风险和机会主义行为的发生。所以，各方利益诉求的实现过程，即利益联结紧密程度，是决定纵向协作关系能否达成及深化的关键。

第三，工商企业与农户间合作收益的公平分配能够产生显著的声誉效应，促进纵向协作主体声誉资本的积累，从而有助于协作主体对合作保持足够的耐心，增加彼此的信任，降低贴现率，进而激励协作主体建立纵向协作程度更高的协作模式。

研究构建声誉模型，从产权归属和博弈期限角度把工商企业与农户合作时所建立的契约关系类型细分为"市场外包"契约、"关系外包"契约和"关系雇佣"契约三种类型，并求得了三种类型的纵向协作收益与最优化条件。相较于市场外包契约关系，在关系契约类型的协作模式中，工商企业与农户能够通过行为的协调实现更加深入的纵向协作，也能够开展多期重复博弈或长期合作。但关系契约类型的工商资本投资农业协作模式的建立要求交易双方的贴现率较低，较低的贴现率意味着这些关系契约类型的协作模式建立起来并稳定运行较为困难，需要工商企业与农户声誉资本较为充足，这样才能在长期重复博弈中互利共赢。只有当协作主体积累了充裕的声誉资本时，与其合作者才能对双方间的合作保持足够的耐心，即每期博弈的贴现率足够低，双方未来合作收益的贴现值较高，对合作充满信心，方能建立长期重复博弈，开展长期稳定合作。工商企业与农户坚持合作收益公平合理分配，有助于实现双方长期的互利共赢合作，实现帕累托改进，从而使得交易双方均能从纵向协作中受益，这样有助于交易双方赢得良好的市场口碑，积累丰富的声誉资本，赢得市场信任；有助于交易双方持续开展深入的纵向协作，后续其他协作主体也会充分信任这些市场声誉良好的工商企业与农户，容易建立纵向协作程度更高的协作模式。

第四，纵向协作程度越高，协作模式的合作收益越高，提高工商资本投资农业的纵向协作程度有助于提高参与主体的合作收益。

本书按照纵向协作程度的不同，将工商资本投资农业纵向协作划分为松散型模式、半协作型模式和全协作型模式，并在统一模型框架下，通过逆向归纳法比较了三种模式生产经营主体的收益和总收益。结果表明，全协作型模式的收益高于半协作型模式的收益，高于松散型模式的收益，工商资本投资农业纵向协作程度越高，合作收益越高，提高工商资本投资农业的纵向协作程度有助于提高参与主体的收益。以分工协作程度提高和人力资本能力提升为目的的纵向演化，优化了生产要素的资源配置结构，提高了农户的增收能力；以交易费用降低为目的的纵向演化，提升了纵向协作关系治理的有效性，规避了市场风险和道德风险，提高了协作主体的合作收益。参与纵向协作的优势在于协调各参与主体利益，通过监督管理内部机制的实施，降低由资产专用性、人的有限理性所致的机会主义行为，解决连续决策过程中契约的不完备所导致的风险，进而降低交易费用，提高合作收益。

第五，农户科技与经营管理水平提升，即自我发展能力提升，是家庭农场参与纵向协作进而提高合作收益的关键因素。实施品牌化战略、农场主参与技能培训、农场主受教育程度较高的家庭农场，参与纵向协作更能有效提高家庭农场合作收益。

本书基于农业农村部 2016 年对全国 31 个省份、91 个县（市、区）的3073 个家庭农场监测调研数据进行实证分析。实证结果表明，纵向协作能够提高家庭农场合作收益，是否参与纵向协作、是否加入农民专业合作社这两个变量的系数均为正，表明纵向协作程度越高，越能够提高工商资本投资农业的合作收益。依据家庭农场是否参与纵向协作分成两组样本，并分别给出了不同组农场净收入和人均净收入的样本统计特征。无论是从净收入来看，还是从人均净收入来看，参与纵向协作的家庭农场合作收益均优于未参与纵向协作的家庭农场。例如，从均值来看，参与纵向协作的家庭农场净收入均值为 2.957，高于未参与纵向协作的家庭农场净收入均值 2.713；参与纵向协作的家庭农场人均净收入均值为 1.451，高于未参与纵向协作的家庭农场人均净收入均值 0.956。"工商企业 + 家庭农场"模式能够提升家庭农场合作收益；家庭农场加入农民专业合作社，即"工商企业 + 农民专业合作社 + 家庭农场"模式的纵向协作程度进一步提高，家庭农场合作收益也进一步提高。为了考察家庭农场参与纵向协作对于其合作收益的影响机制，进一步以人均净收入作为家庭农场合作收益的代理变量，进行中介效应模型估计。结果显示，参与纵向协作有利于家庭农场获取技术支持与提升经营管理能力，科技与经营管理水平是家庭农场参与纵向协作进而提高合作收益的关键作用机制，其中介效应为 0.243，约占总效应的73.53%。进一步地，在异质性分析中，实施品牌化战略、农场主参与技能培训、农场主受教育程度较高的家庭农场，参与纵向协作更能有效提高家庭农场合作收益。

第二节　完善工商资本投资农业纵向协作的建议

一、鼓励复合型农业组织形态的发展，提高纵向协作组织化程度

首先，应促进不同类型协作主体的有机结合和融合。协会、战略联盟、农民专业合作社和家庭农场等新型农业经营主体是"统"的层次的"中间人"，农户通过新型农业经营主体加入农业全产业链开展纵向协作，分享产

业链增值收益。依托区域发展特色优势构建的以工商企业为核心，以农民专业合作社、农民专业合作社联合社为连接纽带，以家庭农场、基地和专业大户为节点，以农户为基础的特色农业产业链，加速了资金、技术和服务的扩散，推动政策、技术、资本、人才等生产要素向农村集聚，带动农民就地创业、返乡创业，优化农业创业外部环境，实现从兼业农民向新型职业农民的转变，吸引了大学生村官、创业大学生等有知识、懂技术的人才进入农业生产领域。新型农业经营主体的多元化发展是工商企业与不同类型组织有机结合和融合的基本单元，也是农业产业链纵向协作模式选择的实践基础。工商企业通过土地规模流转建立原材料生产基地，通过市场带动生产集聚，提高了区域专业化生产的程度。在制度设计的范畴内，合作社全部成员都是所有者、惠顾者和管理者三重角色的统一。核心成员为了实现农民专业合作社的经营绩效，要充分发挥才能，调动各种可以支配的社会资本，有效组织农户实现家庭经营基础上的适度规模经营，引导农户立足当地特色优势农业资源进行农业生产。无论是"企业 + 领办型合作社 + 农户""企业 + 自办型合作社 + 农户"，还是"企业 + 合办型合作社 + 农户"，农民专业合作社都要明晰成员的产权关系，特别是享受国家财政补助形成的财产，要明确归属方，并根据农民专业合作社账户登记的出资额度和公积金份额比例，参与合作社合作收益分配和承担相应责任。只有规范化的制度设计和清晰的产权边界，才能够保障农户利益，实现多方共赢。

其次，鼓励发展复合型农业组织，规范联合体形态发展演进模式。纯市场交易、契约、基于关系的联盟、基于股权的联盟和纵向一体化是纵向协作程度从低到高的连续体，随着纵向协作程度从低到高，协作模式的层级机制属性逐步升高，近年出现了众多的农业产业化联合体①、农民专业合作社联合社②、农民专业合作社联盟等复合型农业组织，不同类型组织的有机结合，科技研发机构、农业生产基地、科技园区等多元化中介组织的有

① 农业产业化联合体概念由孙正东于 2014 年首次提出，是以市场为导向，龙头企业为核心，传统农户、专业大户和家庭农场为基础，专业合作社为纽带的产工贸及社会服务一体化的新型农业经营组织形式。

② 截至 2019 年 9 月，全国依法登记的农民专业合作社已达 220.7 万家，联合社 1 万多家，全国纳入农业农村部名录的家庭农场近 60 万家，经营土地 1.6 亿亩。

机融合，增强了对农户的辐射带动作用，延伸了农业产业链，促进了农业产业链的高级化变迁，实现了产前、产中、产后等多环节收益增值，拓宽了农户分享现代农业发展红利的增值空间。立足农村中蕴含的关系网络资源，提升了农户组织化水平，借助政府政策和制度的保障，降低了新型农业经营主体与农户的对接成本，实现农户生产体系的升级改造，突破了分工与要素流动发展瓶颈（张建雷和席莹，2019）。降低交易成本、共同规避市场风险以及农业生产提质增效的客观需求，促使更多经营主体走向联合，农业产业联合体引领的新型纵向协作模式将成为农业产业融合发展组织形式的演化方向。多元主体联合带动生产，供应链交叉融合，形成更为紧密的网状结构，生产要素充分流动，产品产供销完善供应，分工协作优势的发挥带来的规模经济效益和合作收益将更加突出。工商企业是联合体组织建构与经营发展的核心，在其带动农户发展的过程中，要进一步提高经营管理水平，以利益联结为纽带，健全内部运行规范要求，完善契约约束协调，稳定购销交易机制（王志刚和于滨铜，2019），为长期协作关系的建立提供保障。

最后，培育多元化生产服务主体，拓展利益联结机制视野。土地托管、代耕代种、统防统治、联耕联种、烘干储藏等服务实现了现代农业规模化、集约化和机械化发展，提高了社会化服务层次，增强了服务功能，现代农业技术和规范化管理保障了农业收益的持续增长。工商企业、农民专业合作社等新型农业经营主体是社会化服务体系的主要供给力量，不仅可以为农户提供生产技术指导、农业生产资料供应、农机作业、病虫害防治、运输仓储、市场信息等环节的生产经营服务，还可以积极探索贷款担保、保费资助等解决融资瓶颈的新方式和新途径，通过优质服务和生产要素供给，优化农户生产经营和发展的外部环境，节本增效，提高农户收益，通过服务联结成功对接要素市场和产品市场，拓展利益联结机制视野。培育多元服务主体要引导新型农业经营主体向农业生产性服务业专业供应商、全流程服务商转型，加强农业生产性服务业综合平台和其他涉农服务平台建设，增强对现代农业的支撑带动作用。农产品品质创新、技术服务创新、利益联结方式创新、金融产品创新等一系列创新活动构成了工商资本投资农业多元化的生产服务创新体系。创新体系的动力持久性需要微观经济主体与政府制度的激励相容（高帆，2017）。在金融产品创新领域，政府要在加强对农村金融监管的基础上，鼓励商业银行等金融机构创新符合农业经济特点的金融产品，形成政策保险与商业保险互为补充的管制格局，有效分散农业经营风险，破解农业生产金融服务难题。

二、拓展紧密利益联结的实现方式，稳定纵向协作的收益期望

利益联结的紧密程度是工商资本投资农业开展纵向协作的关键，只有处理好合作收益的归属和分配问题，才能真正获得实际合作增值收益。工商资本投资农业中的利益联结指的是工商企业与农户、家庭农场、农民专业合作社等农业经营主体间关于利益分配的微观制度安排（宋建华，2003）。紧密的利益联结是工商资本投资农业合作收益提高和农户持续分享现代农业发展红利的保障，是多元利益主体频繁交易与重复博弈的结果。利益联结的紧密程度可以吸引行为人付出最优努力水平，规避道德风险和机会主义行为，维系合作稳定。

首先，可以通过价格保护型合作契约，增强利益联结的紧密程度。通过签订价格保护合作契约，稳定农户销售农产品的价格，契约联结的紧密性可以帮助农户规避自然风险和农产品价格波动所带来的市场风险，保障合作收益预期的稳定。工商企业与农户签订以保护价收购农产品的合作契约，双方所采用的保护价通常是合同农产品较长一段时间内的平均市场价。如果合同农产品实际市场价格低于保护价，工商企业就以合同约定的保护价收购农产品；如果合同农产品实际市场价格高于保护价，工商企业就在合同约定的保护价基础上提高一定幅度，以此收购农产品，或者以收购时的农产品市场价进行交易。这样能够显著降低农户生产经营的风险，有效保障其利益，农户消除了后顾之忧，能够更积极高效地生产合同约定的农产品，从而使工商企业获得优质、稳定、可靠的农产品加工原材料来源。比较典型的是通过保底价收购、"保底价＋随行就市"、市场价加价等形式稳定农户合作收益预期，将农户生产经营的市场价格波动风险内化为工商企业等新型农业经营主体的经营风险，发挥新型农业经营主体抗风险能力

强的优势。

其次，可以通过优质生产性服务契约，增强利益联结的紧密程度。工商企业发展农业生产性服务，通过强化服务链，拓宽与农户的利益联结，这一联结将加快转变农业发展方式，加快与现代生产要素市场的对接。创新完善农户利益联结机制，开展紧密协作，将促进农户融入区域性生产网络和农业产业链，拓宽合作收益增收的空间。工商企业直接或者通过农民专业合作社间接地以较低价格向合作农户提供良种、肥料、药品等优质农业生产要素供给，提供生产技术指导，提供播种、施肥、灌溉、喷药、收割、冷链运输、金融支持等生产性服务，增加优质服务和优质要素供给，节约农户生产资料成本，增加合作收益；通过统贷统还、设立风险资金等形式，为农户提供信贷担保，引导农户对接农产品市场。对于工商企业而言，集中采购农业生产投入品，集中提供产中、产后环节的生产性服务，可以获得规模经济，工商企业以低于市场价的价格向农户提供生产服务时不会因此亏损。

再次，可以通过利润返还合作契约，增强利益联结的紧密程度。工商企业通过订立契约，与农户建立紧密的利益共同体，合同不仅规定了生产投入品、生产性服务、农产品交易量、农产品质量、交易价格、交易时间，还规定了工商企业对农户的利润返回标准。这是因为交易的农产品往往高品质、高附加值、较为稀缺，并且对生产经营条件要求较高，这类农产品的来源与质量对工商企业的竞争力与收益影响较大，所以工商企业愿意将一部分加工、销售环节的利润与农户分享，以此激励农户严格按照约定的生产过程操作规范开展精细种养，从而保证向工商企业交付农产品的数量与质量。由于控制了关键原材料的来源，有利于增强工商企业的市场竞争力，也有利于提高农户生产经营收益。二次分红机制是保障农户合作利益增加的有效渠道，生产资料垫资支付、风险保障基金等多种形式并用，可以帮助工商企业及其相关主体与农户建立更稳定、紧密的利益关系（宋瑛，2014）。"订单收购+分红""土地流转+优先雇用+社会保障""农民入股+保底收益+按股分红""工商企业+农民专业合作社+农户+保底价+市场二次连动价"等多样化利益联结方式，让农户分享加工、销售环节的收益，拓宽了紧密利益联结机制的实现方式。

最后，可以通过资产整合合作契约，增强利益联结的紧密程度。有些工商企业直接投资经营农业，但由于土地等生产要素较为缺乏，所以愿意吸收合作农户以其拥有的土地、资金、农机等生产设备入股，双方通过资产整合建立更加紧密的协作关系。农户以土地、资金、劳动、技术、产品多种生产要素入股，与工商企业开展股份制、合作制、股份合作制、租赁等形式的合作与联合，成为工商企业的股东，通过分红形式分享加工、销售环节的增值收益。多元主体通过激励相容、分工协作、优势互补，在追求自身利益的过程中实现农业发展，形成农户增收的合力。

三、嵌入声誉和实现沟通常态化，维系协作关系长期稳定

工商资本投资农业长期稳定合作离不开内部有效的治理机制（Salomon and Forges，2015）。声誉是一种行为评价，具有信号传递、网络扩散等效应（Kreps and Wilson，1982），工商企业与农户合作的过程中，不仅要构建紧密的利益联结机制，还要嵌入声誉机制。通过建立良好的声誉、信任等非正式的关系治理能够降低组织成员间的交易成本，促进合作的长期稳定，压缩基层政府策略性治理的行为空间。工商企业与农户的长期合作需要合作收益增加和协作关系稳定的双重加持（罗明忠和邱海兰，2020），尊重农户的利益诉求，通过公平合理的利益联结机制确保农户的合理收益，进而获得农户对工商企业的信任，声誉机制和紧密的利益联结机制交互融合为工商企业与农户的稳定合作奠定了坚实基础。

首先，建立声誉档案，完善声誉评价机制。建立工商企业、农户、家庭农场、农民专业合作社等新型农业经营主体电子声誉档案，通过农户信用体系、工商企业诚信管理制度建设，将农户个人信用，工商企业发债、贷款、担保等交易信用与诚信履约挂钩（周振、涂圣伟和张义博，2019）。完善声誉评价机制，可以将声誉信息进行多渠道整合，与金融机构等部门联网，共享农业产业化经营主体声誉信息与示范性名单，并通过专门的声誉信息平台公开声誉等级，对声誉长期良好的经营主体给予税收优惠、政策补贴和项目支持；声誉较好的农业产业化经营主体的生产经营贷款可简

化审批手续优先发放，优惠贷款利率，延长贷款期限。

其次，建立信任和认同感，增加信任的乐观期望。任何经济活动都嵌入一定的信任关系中，具有合作基础的行为者更容易建立长久的合作关系。随着农户与工商企业等新型农业经营主体之间生产信息交换的增加、交易频率的提高、熟悉程度的加强，主体间信任和认同感搭建起来并逐渐发挥重要作用。农户加入农民专业合作社不仅提升了血缘、地缘以及对亲朋好友的特殊信任，还提高了对整个制度或陌生人的普遍信任。信任具有传递性，参与主体之间的特殊信任可以进行网络状传递，信任传递的链条延长，增加了对信任的乐观期望，进而跃迁转变为对整个社会的普遍信任（赵昶和董翀，2019）。因此，对于长期合作的农户，应给予年终奖励和额外分红，维系与农户更长久的稳定协作关系。

再次，建立和完善表达机制，降低关系治理交易成本。工商企业投资农业开展纵向协作的参与主体可以通过座谈会、交流会、走访等途径与合作农户就合作过程中遇到的问题和制约农业生产的瓶颈进行沟通，找出令人满意的对策，这样可以增强协作主体之间的理解和信任，有助于建立长期稳定的合作关系。有效的协作关系和内部沟通可以激发成员的主体意识和参与意识，参与主体在沟通的过程中不仅要明确表明自身对于利益的相关诉求，还要关注其他协作主体的诉求，只有将参与主体的利益诉求充分融合，才能实现激励，达到预期目标。对于生产技术管理方面的问题，工商企业可以定期对农户进行专业技术培训，主动沟通，确保农业生产的顺利进行；对于利益冲突方面的问题，要围绕利益冲突的关键点，采取换位思考的方式，从参与主体个人利益和集体利益的角度沟通协调，积极争取化解或减轻冲突程度。

最后，建立定期沟通长效机制，畅通参与主体交流渠道。沟通增进了人与人之间的了解，缺乏交流而导致的疏离感可以通过沟通有效化解，互帮互助的业务往来可以增强参与主体之间在生产和经营等方面的沟通联系。工商企业、农民专业合作社、农户、家庭农场、专业大户等新型农业经营主体应建立和加强沟通的渠道和程序，采取多方共同协商机制。地方政府可以建立常态化的沟通交流制度，开辟与工商企业互通的渠道，通过定期会议制度及时了解工商企业的政策诉求，积极制定工商企业投资农业的政策服务指南，为工商企业了解相关投资政策开通窗口，形成明确的政策预期，优化良好的外部招商环境。在沟通过程中，政府不仅要关注工商企业的利益诉求，还要留意有助于农业可持续发展的特殊诉求，为具体政策措施的制定提供实践指导，以内涵式发展建立与工商企业的相互信任。

四、完善协作约束机制，强化有效监督与责任追究

任何一种制度的完善首先考虑的都是基于制度规则范围内整体存在和发展的需要，是一种手段。激励与约束相容是制度完善的重要内容，其完善程度可以直接激发参与主体的能动性，协调各方形成利益共同体，协作约束是迫使利益主体接受行为规范的一系列制度安排或规范。

首先，要加强监管执法力度，提高外部约束力。加强监管的力度可以为农户收益困境寻找出路，为农业相关政策调整提供思路。我国农村地区法治观念和执法力度普遍薄弱，需要借助政府力量进行外部力量约束，促进合作的良好运行。建立履行契约的监督机制，鼓励长期稳定合作，设立规范的第三方组织机构和人员，监督协调相关主体间的利益矛盾。警惕工商资本投资农业过程中涉农项目"烂尾"和资本"跑路"现象的发生（徐章星、张兵、尹鸿飞和王善高，2020），对违约行为进行相应的界定，明确惩罚金额，对于长期契约应加大惩罚力度，提高违约成本。

其次，鼓励小农户签订规范的正式书面合同，形成正式契约签订的制度性压力。规范的书面合同应是对不易改变的法律规则和基础性制度做边际补充，弥补制度缺陷而非代替基本制度，通过严格执行生效合同，强化契约监管，保护权利人的利益（龙开胜和石晓平，2018）。在新型农业经营主体的有效带动下，农户小规模经营的低度产业化状态得到改善，通过统一农资购销、统一技术管理、统一品牌营销，实现与新型农业经营主体产销一体化纵向协作的有机衔接。在政府政策和制度的边际激励、社会关系网络的多重嵌入机制下，农户与新型农业经营主体建立了纵向协作关系，完善了书面合同内容，规范了合同的条款内容，明确了多元主体的权利责任义务、违约后果，可以降低机会主义行为的选择空间。

再次，采取联合惩戒，强化租赁农地用途管制。惩罚违反规范的主体，

可以有效抑制合作过程中的背叛、卸责和"搭便车"行为，提高公平倾向群体的适存度。通过表彰先进农户等方式，增强农户的责任共担意识，培育农户信任、互惠等交往规范（浦徐进、范旺达和路璐，2014）。加强对工商企业租赁农户承包地的用途监管，采取有效措施坚决防范农地用途改变或严重污染租赁农地等行为。相关部门对工商企业租赁的农地要开展定期检查，鼓励农户发挥主动性，对农地情况进行自觉监督，乡镇政府可设立举报电话和举报信箱，及时掌握反馈信息并查处相关违法行为。对于违反契约的工商企业可依法终止契约，及时停止其享受的相关优惠扶持政策，追究其法律责任。工商企业的违法行为可通过公示系统予以曝光，并记录在征信系统，采取联合惩戒。

最后，完善风险防范的制度体系建设，减少利益主体违约行为。工商资本投资农业过程中交易原则、交易方式、监督管理的规范性，可以有效避免利益主体冲突的发生，具体体现在事前、事中和事后监管制度及违约处理制度。事前制度应完善涉及工商资本企业农业经营开发资质、生产经营能力、履约和信用能力、租赁农地年限、承包土地面积等的资格准入制度、上限控制制度和申请报备制度。例如，应明确租金给付保证金比例和周期，并指定专门银行设立风险保证金专户，保证金不得挪作他用，合同租赁期满时，若无违约行为，应当及时退还给租赁者。事中制度应完善工商资本企业租金或保证金的缴纳制度、工商资本是否按照合同约定在租赁农地上直接从事农业生产经营、工商资本经营情况等监管制度，强化租赁农地的用途管制，以防止土地"非农化""非粮化"。事后制度应完善工商资本投资农业期满后，对工商资本企业是否拖欠租赁费、是否在土地经营过程中破坏土地污染环境等情况的事后监管制度和违约处置制度。

五、明确协作保障的重点方向，提升农户自我发展能力

首先，应坚持农户合作收益增加与自身发展能力提高并重。培养农户参与现代农业发展的内生动力，鼓励农户增强自我发展的能力，不断拓展发展的机会。农户增收是完善利益联结的目标，但是如果仅以农民增收为

目标，而忽视其自身发展能力提升则是非常片面的。只通过变相的"赠予"很难维持农户增收的持续性，只有带动农户参与农业产业链和价值链升级，通过标准化生产、技术培训带动农户提升增收能力，培育内生发展动力才能够实现农户可持续发展。工商企业等新型农业经营主体带动农户生产种植特色优质农产品，并通过加工、销售带动农户参与农业产业链纵向协作，为农户搭建市场交易的平台，增强农户参与农业产业化经营的增收能力。工商资本投资农业开展纵向协作要激活主体、激活生产要素、激活农产品市场，以科技创新为引领，培养一批精通农业生产技术、擅长经营管理的新型职业农民，提高农业生产从业者自身水平，优化农业从业者的知识结构。

其次，政府应设立激励机制，突出新型农业经营主体对农户的带动效应。对与农户建立稳定契约合作关系，带动农户或贫困农户数量多和质量高，使农户获得更多实惠的工商企业等新型农业经营主体，给予评优创先奖励；对与农户结成"保底收购＋二次分红"等紧密利益联结的新型农业经营主体提供财税优待、财政支农项目扶持；在农民专业合作社规范化建设及示范社评定时，除经济指标外，还应考察其所蕴含的合作理念，对普通成员满意度高、幸福感强的合作社予以优先考虑。此外，政府还应动态调整农业补贴方式，关注新型农业生产经营补贴。目前，农业补贴的力度逐年趋高，补贴的方式也需要做出动态调整。政府制定农业补贴的目标应在保障所有农民的普惠性转移收入的基础上，关注农业生产经营领域的产品、技术服务补贴，如在保证对种粮农民的直接补贴、农资综合补贴、农作物良种补贴的基础上，向新型农业经营主体、农业技术服务、适度规模经营等农业支持保护补贴方面创新和倾斜，以提供支持、加以引导的方式激励新型农业生产经营综合服务体系的良性发展。

再次，推进农产品标准化和品牌化战略，促进优质优价正向激励。鼓励工商企业、农民专业合作社、家庭农场、普通农户等合力打造农产品绿色品牌或有机品牌。工商企业具有品牌塑造优势，农户通过标准化生产与专业化作业可以保证品牌质量，纵向协作模式的参与主体通过稳定契约安排，共同打造品牌经济，共同组织开展农产品销售推介和品牌运作，形成了紧密的利益联结共同体。集体激励促使参与主体共同努力，从而提升整体合作效益并促进协作稳定有序运行，农户亦可以分享更多产业链增值收益。此外，要加快地理标识农产品商标的注册和保护工作，引入现代要素改造升级传统名优品牌，充分利用电子商务、"互联网＋"等新兴手段，促使品牌农产品市场与网络营销相结合，持续提高农业创新力和竞争力。

最后，构建农户维权通道，打通有效申诉渠道。为有效达成互信互惠，改变利益博弈势力结构，必须重视农户利益诉求和维权机制的构建。要使农户因工商企业违约或经营不善而遭受损失时，可以及时得到申诉和维权，降低道德风险，要让农户善于运用法律来保护自身的合法权益。大数据网络时代，要充分利用信息化构建维权申诉的渠道，对于违法违规行为零容忍，搭建网络等新媒体举报平台，利用微信公众平台或网络平台及时进行情况通报、跟踪调查和督查反馈，将风险损失降至最低，保障农户维权申诉渠道的畅通。

第三节　研究不足与展望

鉴于个人能力有限，研究尚且存在不足与待完善的问题，可能存在的不足有：

第一，现实中，农户参与现代农业发展的实践还在不断修正和发展过程中，随着新型农业经营主体群体的快速壮大，工商资本投资农业纵向协作模式不断创新，本书仅以"工商企业＋农户"和"工商企业＋农民专业合作社＋农户"这两种模式为主要研究对象，有些局限。后续还将对工商资本投资农业与农户开展纵向协作做出更多探索性探究，对新型协作模式中合作收益的分配问题和利益联结问题的深入研究将是后续研究的重点方向。

第二，调研样本数据具有一定的局限性。在数据收集过程中，研究样本覆盖了全国范围内 3073 个家庭农场，样本覆盖面广，具有一定的代表性，但是由于微观样本数据可获得性较为困难，还需进一步搜集、丰富及扩展样本。

第三，工商资本投资农业纵向协作的有效性和治理优化有待进一步深入。工商资本投资农业纵向协作模式的选择是多维度的，农户异质性、产业组织模式多样化的发展等都需要在今后进一步深入研究。

附　录

2016 年家庭农场发展情况监测调查问卷

题型	问题	回答
一、家庭农场的基本情况		
多选题	第1题：您的家庭农场在哪个部门进行了认定或登记注册？	A. 已在农业部门认定 B. 已在工商部门登记（若选此选项直接跳到第3题） C. 都没有
单选题	第2题：如果已在工商部门登记注册，注册类型为	A. 个体工商户 B. 个人独资企业 C. 合伙企业 D. 公司 其他：
	第3题：是否为农业部门认定的示范农场？	A. 省级示范农场 B. 市级示范农场 C. 区县级示范农场 D. 否
	第4题：经营范围为	A. 种植业 B. 养殖业 C. 种养结合 其他：
填空题	第5题：农场主已经从事农业规模经营几年？（单位：年）	

续表

题型	问题	回答
单选题	第6题：是否有比较完整的日常收支记录？	A. 是 B. 否
	第7题：产品是否获得过"三品一标"认证？（"三品一标"是指无公害农产品、绿色食品、有机农产品和农产品地理标志）	A. 是 B. 否
	第8题：是否有注册商标？	A. 是 B. 否
	第9题：农场经营的土地以哪种地形为主？	A. 平地（在丘陵山区中的平坝也算平地） B. 丘陵（坡度在6~15度） C. 山地（坡度在15度以上）
二、农场主基本情况		
单选题	第10题：受教育程度	A. 没上过学 B. 小学 C. 初中 D. 高中 E. 中专 F. 职高 G. 大专 H. 本科 I. 研究生及以上
	第11题：是否接受过专门的培训？	A. 是 B. 否
多选题	第12题：若是，接受的培训有	A. 育种或栽培技术 B. 土肥培育技术 C. 疫病防治技术 D. 地膜覆盖技术 E. 农机驾驶操作技术 F. 养殖技术 G. 农产品加工技术 H. "三品一标"及农产品质量安全知识培训 I. 经营管理知识 其他：

续表

题型	问题	回答
多选题	第13题：若是，哪些部门提供了这些培训？	A. 政府部门 B. 合作社、专业协会 C. 化肥、农机等农资生产企业或经销商 D. 高校科研院所
	第14题：从业经历	A. 专业大户 B. 合作社主要负责人 C. 普通农民 D. 企业管理层 E. 村干部（含大学生村官） F. 个体投资业者（个体工商户） G. 农机手 H. 毕业大学生/中专生 I. 进城务工返乡人员 其他：
单选题	第15题：户籍归属情况（注意，本村是指家庭农场主要经营场所和土地所在村）	A. 本村 B. 本乡外村 C. 本县外乡 D. 本省外县 E. 外省 其他：
	第16题：是否具有村集体土地承包经营权？	A. 是 B. 曾经是 C. 否
三、劳动力的基本情况		
填空题	第17题：农场自有劳动人员数（单位：人）	
	第18题：农场常年雇佣劳动人员数（单位：人）	
	第19题：其中来自本村的常年雇佣劳动人员数（单位：人）	
	第20题：常年雇佣男劳动人员数（单位：人）	
	第21题：农场一年中单次临时雇佣劳动人员最多人数（单位：人）	
	第22题：临时雇佣劳动人员中本村人员数（单位：人）	

题型	问题	回答
填空题	第23题：自有劳动人员平均年龄（单位：岁）	
单选题	第24题：常年雇佣劳动人员的平均年龄（单位：岁）	A. 30周岁及以下 B. 31~40周岁 C. 41~50周岁 D. 51~60周岁 E. 61周岁及以上
	第25题：临时雇佣劳动力的平均年龄（单位：岁）	A. 30周岁及以下 B. 31~40周岁 C. 41~50周岁 D. 51~60周岁 E. 61周岁及以上
填空题	第26题：常年雇佣劳动人员的平均工资（单位：元/年/人，计算方式：常年雇佣人员工资总和÷常年雇佣人员数量）	
	第27题：常年雇佣劳动力人员工资合计多少元？（单位：元）	
	第28题：临时雇佣男劳动人员平均工资（单位：元/天/人）	
	第29题：临时雇佣女劳动人员平均工资（单位：元/天/人）	
	第30题：全年临时雇佣劳动力人员工资合计多少元？（单位：元）	
	四、土地情况	
填空题	第31题：2015年，农场经营土地总面积（单位：亩）	
	第32题：其中家庭承包土地面积（单位：亩）	
	第33题：自行开荒土地面积（单位：亩）	
	第34题：承包集体机动地面积或集体农场土地面积（单位：亩）	
	第35题：流转进来的其他农户土地面积（单位：亩）	

题型	问题	回答
填空题	第 36 题：2015 年，新增流转土地面积（单位：亩）	
单选题	第 37 题：您能否获得与流转进来的土地面积挂钩的相关补贴？	A. 是 B. 否
	第 38 题：土地流转后是否进行整理？（若选择否，直接跳到第 40 题）	A. 是 B. 否
填空题	第 39 题：若整理，整理后面积增加百分之多少？（如增加百分之 20，直接填 20）（单位：%）	
	第 40 题：农场经营的全部土地共有几块？（有人工地界或天然边界的就算一块）（单位：块）	
	第 41 题：其中最大一块的面积（单位：亩）	
	第 42 题：转入土地中租期 < 5 年的面积（单位：亩）	
	第 43 题：5 年≤租期 < 10 年的面积（单位：亩）	
	第 44 题：10 年≤租期 < 30 年的面积（单位：亩）	
	第 45 题：租期≥30 年的面积（单位：亩）	
	第 46 题：所有转入土地中最长租期是多少年？（单位：年）	
	第 47 题：这些转入土地来自于多少户？（单位：户）	
	第 48 题：这些转入土地来自于几个行政村？（单位：个）	
	第 49 题：直接从农户手里流转过来的面积有多少亩？（单位：亩）	
	第 50 题：通过村集体或者生产队/小组流转过来的面积有多少亩？（单位：亩）	
	第 51 题：通过乡及以上政府流转过来的面积有多少亩？（单位：亩）	
	第 52 题：通过中介（经纪人、土地信托、企业、合作社等）流转过来的面积有多少亩？（单位：亩）	

题型	问题	回答
填空题	第53题：通过其他方式流转过来的面积有多少亩？（单位：亩）	
多选题	第54题：转入土地的合约形式？	A. 口头合同 B. 书面合同 其他：
单选题	第55题：2015年租金形式？	A. 固定租金现金结算 B. 按一定比例浮动的租金现金结算 C. 固定数量的实物，折价成现金结算 D. 固定数量实物结算 其他：
填空题	第56题：2015年土地流转平均租金（或者实物折合成钱）是？（单位：元/亩）	
	第57题：2015年您流转的土地中最高租金（或者实物折合成钱）是？（单位：元/亩）	
	第58题：2015年您流转的土地中最低租金（或者实物折合成钱）是？（单位：元/亩）	
单选题	第59题：未来经营土地意愿	A. 扩大经营规模 B. 减小经营面积 C. 保持不变
	第60题：2015年粮食价格下降，您今后是否打算扩大粮食作物种植面积？	A. 规模不变 B. 扩大规模 C. 减少规模
五、固定资产情况（如果没有这些资产，在后面填"0"）		
填空题	第61题：农场自有农机具数量？（只统计价值500元以上的农机具，单位：台/套）	
	第62题：包含烘干机在内，农场自有农机具价值？（按购买价格合计，含补贴）（单位：万元）	
	第63题：农场自有仓库面积（单位：平方米）	
单选题	第64题：其中，是否有专用冷库/地窖等	A. 是 B. 否

续表

题型	问题	回答
填空题	第65题：农场自有存放农机具的库棚面积（单位：平方米）	
	第66题：农场自有晒场面积（含住宅院子和周边空地）？（单位：平方米）	
	第67题：农场自有圈舍面积？（单位：平方米）	
	第68题：农场自有烘干设备数量？（单位：台，若无烘干机，直接跳到第70题）	
单选题	第69题：如有烘干设备，是否为其他农户农场提供烘干服务？	A. 是 B. 否
	第70题：如果没有烘干设备，能否在当地购买到烘干服务？	A. 是 B. 否
填空题	第71题：农机、仓库、农机场库棚、晒场、圈舍等固定资产投资总额是多少？（单位：万元）	

六、融资情况

题型	问题	回答
单选题	第72题：您觉得获得贷款的难易程度	A. 无贷款需求，不清楚 B. 只要想贷款就可以获得 C. 可以获得贷款，但是有些难度 D. 很难获得贷款，条件太苛刻 E. 申请贷款，但没有成功 其他
	第73题：2015年，家庭农场是否有生产经营借款？（若选择"是"，请详细填写第74～79题；若选择"否"，直接跳到第80题）	A. 是 B. 否
填空题	第74题：当前生产经营借款总共有多少万元？	
单选题	第75题：目前的生产经营借款中，最大的一笔借债获得渠道是？	A. 农、工、中、建、交等大型商业银行 B. 邮政储蓄银行 C. 农村信用合作社（包括农村商业银行、农村合作银行等） D. 融资租赁公司 E. 农民资金互助合作社 F. 民间借贷 G. 本地企业 H. 亲朋好友 其他：

题型	问题	回答
填空题	第76题：目前的生产经营借款中，最大的一笔借债是多少万元？	
单选题	第77题：目前的生产经营借款中，最大的一笔借债年利率是多少？	A. 没有利息 B. 低于5% C. 5%～10% D. 10%～15% E. 15%～24% F. 24%～36% G. 36%以上
多选题	第78题：如果有生产经营借款，借款实际主要用途为	A. 农业生产基础设施建设 B. 购买机械设备 C. 购买种子化肥等生产资料 D. 购买幼崽种苗 E. 土地流转费 F. 人员工资费用 其他：
	第79题：如果获得过生产经营借款，担保方式是	A. 土地承包经营权抵押 B. 房产抵押 C. 农机等农资抵押 D. 农产品抵押 E. 存单或储蓄卡抵押 F. 农户联保 G. 亲朋或熟人担保 H. 担保公司担保 I. 信用贷款 其他：
七、2015年生产情况（从事种植业家庭农场填写下面问题）		
多选题	第80题：农场种植了以下哪些作物？	A. 小麦 B. 玉米 C. 水稻 D. 薯类（马铃薯/土豆、红薯） E. 大豆 F. 油料作物（油菜、花生等） G. 杂粮（高粱、燕麦、大麦、红豆等） H. 棉花 I. 蔬菜瓜果（各类蔬菜、西瓜、甜瓜、哈密瓜等） J. 水果（苹果、梨、柑橘、香蕉等） 其他：

题型	问题	回答
单选题	第 81 题：第一主要作物是？（产值最大的为第一主要）	A. 小麦 B. 玉米 C. 水稻 D. 薯类（马铃薯/土豆、红薯） E. 大豆 F. 油料作物（油菜、花生等） G. 杂粮（高粱、燕麦、大麦、红豆等） H. 棉花 I. 蔬菜瓜果（各类蔬菜、西瓜、甜瓜、哈密瓜等） J. 水果（苹果、梨、柑橘、香蕉等） 其他：
填空题	第 82 题：第一主要作物的种植面积？（单位：亩）	
	第 83 题：第一主要作物的亩产水平？（单位：斤/亩）	
	第 84 题：周边普通农户该作物的平均亩产水平是多少？（单位：斤/亩）	
	第 85 题：第一主要作物产值占农场总收入的比重？（单位:%）	
单选题	第 86 题：如果需要，您能否在当地购买到机械化服务？	A. 能 B. 不能
	第 87 题：第二主要作物是？（产值第二的为第二主要）	A. 小麦 B. 玉米 C. 水稻 D. 薯类（马铃薯/土豆、红薯） E. 大豆 F. 油料作物（油菜、花生等） G. 杂粮（高粱、燕麦、大麦、红豆等） H. 棉花 I. 蔬菜瓜果（各类蔬菜、西瓜、甜瓜、哈密瓜等） J. 水果（苹果、梨、柑橘、香蕉等） 其他：

续表

题型	问题	回答
填空题	第 88 题：第二主要作物的种植面积？（单位：亩）	
	第 89 题：第二主要作物的亩产水平（单位：斤/亩）	
	第 90 题：周边普通农户该作物的平均亩产水平是多少？（单位：斤/亩）	
	第 91 题：2015 年粮食作物占全年播种面积的比重为？（单位：%）	
	第 92 题：2015 年全年粮食总产量（单位：斤）	
	第 93 题：农场土地一年种多少季？（单位：季，以面积最大地块为准计算）	
	第 94 题：您的农场是否采用"测土配方"技术？	A. 是 B. 否
	第 95 题：您的农场亩均化肥施用量比周边普通农户施用量（如果选择 B 或者 C，跳过第 96 题直接回答第 97 题）	A. 用得少 B. 差不多 C. 用得多
	第 96 题：如果化肥比周边普通农户用得少，少百分之多少？（如少百分之 30，直接填 30）（单位：%）	
单选题	第 97 题：您的农场亩均农药施用量比周边普通农户施用量（如果选择 B 或者 C，跳过策 98 题直接回答第 99 题）	A. 用得少 B. 差不多 C. 用得多
填空题	第 98 题：如果农药比周边普通农户用得少，少百分之多少？（如少百分之 30，直接填 30）（单位：%）	
单选题	第 99 题：您地里的作物秸秆最主要的处理方式是？	A. 机械化还田 B. 地头焚烧 C. 卖给养殖场、发电厂或其他主体 D. 再利用（农家肥、烧火做饭、做饲料等） 其他：

续表

题型	问题	回答
填空题	第 100 题：您所在村有多大比例的农户在地里直接焚烧秸秆？（单位：％）	
单选题	第 101 题：您家的主要农作物灌溉方式是	A. 畦灌、沟灌、淹灌和漫灌等方式 B. 喷灌 C. 微喷灌、滴灌、渗灌 D. 靠天吃饭，平时不灌溉 其他：
填空题	第 102 题：您认为自己家庭农场最合理的土地经营规模是？（若家庭无养殖业或养殖业收入所占比重低于 5％，直接跳到第 110 题）（单位：亩）	
八、2015 年生产情况（从事养殖业家庭农场填写下面问题）		
多选题	第 103 题：农场养殖以下畜禽水产品	A. 奶牛 B. 肉牛 C. 羊 D. 猪 E. 鸡、鸭等家禽 F. 鱼 G. 虾 H. 蟹 I. 贝类 J. 特种动物（狐狸、貂、虎、熊等） 其他：
单选题	第 104 题：其中最主要养殖动物或水产品的名称	A. 奶中 B. 肉牛 C. 羊 D. 猪 E. 鸡、鸭等家禽 F. 鱼 G. 虾 H. 蟹 I. 贝类 J. 特种动物（狐狸、貂、虎、熊等） 其他：

续表

题型	问题	回答
填空题	第 105 题：最主要养殖动物的 2015 年底存栏量（单位：头/只/亩/尾）	
	第 106 题：最主要养殖动物的年产量（单位：斤）	
	第 107 题：2015 年所有畜禽水产品销售总收入（单位：万元）	
	第 108 题：2015 年所有畜产品生产总成本（单位：万元）	
单选题	第 109 题：您家养殖场的畜禽粪便处理方式是？	A. 直接排放 B. 发酵或堆沤后，出售或做有机肥 C. 运输到附近有机肥加工厂 D. 发酵或堆沤后，做饲料 E. 做沼气，沼液、沼渣直接排放 F. 做沼气，沼渣做有机肥 其他：

九、产品销售

题型	问题	回答
多选题	第 110 题：农场的产品主要销售对象	A. 国家粮库 B. 农产品商贩/经纪人 C. 农产品加工公司 D. 养殖企业或养殖户 E. 超市 F. 合作社 G. 网络销售 H. 自营出口 I. 直接送到批发市场 其他：
单选题	第 111 题：最主要的销售方式？	A. 自己送到买方 B. 买方上门收取 C. 第三方物流 其他：
填空题	第 112 题：全部产品的销售收入总额（单位：万元）	
	第 113 题：目前，最主要的两种种植作物或养殖产品还有百分之多少没卖掉（单位:%）	

续表

题型	问题	回答
	十、合作与社会化服务情况	
单选题	第114题：农场是否加入合作社？	A. 是 B. 否
	第115题：若是，农场主在合作社中的身份（若否，直接跳到第117题）	A. 理事长或监事长 B. 理事会或监事会成员 C. 合作社经理 D. 普通成员 其他
多选题	第116题：若是，2015年从合作社实际获得的服务有哪些？	A. 易于获得技术服务 B. 提高销售价格 C. 降低购买成本 D. 获得农机作业服务 E. 获得利润分红 F. 提高经营管理水平 G. 提升产品质量和品质 其他：
单选题	第117题：若否，原因是	A. 没有合作社可加入 B. 有合作社，但参加合作社的作用不大 C. 准备条件成熟时自办合作社 D. 合作社都是假的，都是个体户 其他：
	第118题：与农业产业化龙头企业有无联系（若无，直接跳到第120题）	A. 有 B. 无
多选题	第119题：若有，2015年从农业产业化龙头企业获得的服务有哪些？	A. 易于获得技术服务 B. 提高销售价格 C. 降低购买成本 D. 获得农机或植保服务 E. 获得利润分红 F. 提高经营管理水平 G. 提升产品质量和品质 其他：

续表

题型	问题	回答
	十一、补贴和保险	
多选题	第 120 题：农场获得的专项补贴类别有	A. 三项补贴（粮食直补、良种补贴、农资综合补贴） B. 大棚/饲舍及配套设施/场库棚等补贴 C. 种苗/种畜/种草补贴 D. 农机购置补贴 E. 贷款贴息 F. 土地租金补贴 G. 家庭农场专项补贴（含当地规模化经营补贴） H. 未获得补贴 其他：
填空题	第 121 题：2015 年农场获得的各类补贴总额为多少？（单位：万元）	
	第 122 题：其中，从政府获得的土地租金补贴总额为多少？（单位：万元）	
多选题	第 123 题：2015 年农场购买的保险种类有	A. 财产险 B. 农作物险 C. 农机第三责任险（农机交强险） D. 养殖业（牲畜）险 其他：
填空题	第 124 题：与家庭农场生产相关的保险费用总支出为多少？（单位：万元）	
	第 125 题：2015 年保险理赔金额为多少？（单位：万元）	
	十二、农场成本收益情况	
填空题	第 126 题：2015 年农场总收入为多少？（不包括非农收入，单位：万元）	
	第 127 题：其中，农产品销售收入为多少？（单位：万元）	
	第 128 题：其中，代耕、代种、代收、代烘干等所有农机对外作业收入为多少？（单位：万元）	
	第 129 题：除农场经营收入外，家庭其他经营收入为多少？（包括外出务工收入、家庭非农经营收入等，单位：万元）	

续表

题型	问题	回答
填空题	第130题：2015年农场总成本为多少？（不含家庭自有劳动力成本，单位：万元）	
	第131题：其中，雇工成本（单位：万元）	
	第132题：其中，土地租金成本（单位：万元）	
	第133题：其中，农资投入品总成本（包含化肥、种子、农药等直接投入品成本，单位：万元）	
	第134题：农机作业成本（若涉及自有农机作业则按对外作业价格核算成本，单位：万元）	
	第135题：2015年农场纯收入为多少？（单位：万元）	

十三、其他

题型	问题	回答
单选题	第136题：自己退休或干不动后，农场如何处置？	A. 子女继承 B. 给他人经营 C. 还没考虑 其他：
多选题	第137题：家庭农场经营面临的最主要的3个问题？	A. 土地流转难 B. 难以获得市场信息 C. 缺乏劳动力 D. 贷款难 E. 获取技术难 F. 农业保险不健全 G. 难以获得生产性服务 H. 生产性基础设施（道路、水利、仓储等）落后 I：缺乏继承人 其他：
	第138题：家庭农场希望国家加强哪些方面的扶持	A. 种养技术、经营管理培训 B. 保险补贴或优惠 C. 贷款贴息 D. 土地流转扶持与优惠 E. 农业信贷服务/贷款担保 F. 市场信息及时提供 G. 生产性基础设施（道路、水利、仓储等）建设和维护服务 H. 农机补贴 其他：

参考文献

［1］马克思．资本论（第 3 卷）［M］．中共中央马克思恩格斯列宁斯大林著作编译局，译．北京：人民出版社，1975.

［2］马克思．资本论（第 1 卷）［M］．中共中央马克思恩格斯列宁斯大林著作编译局，译．北京：人民出版社，1975.

［3］列宁．列宁全集（第 41 卷）［M］．中共中央马克思恩格斯列宁斯大林著作编译局，译．北京：人民出版社，2017.

［4］考茨基．土地问题［M］．岑纪，译．北京：商务印书馆，中华民国二十五年．

［5］魁奈．魁奈经济著作选集［M］．吴斐丹，张草纫，选译．北京：商务印书馆，1979.

［6］亚当·斯密．国富论［M］．唐日松，等译．北京：华夏出版社，2005.

［7］郑炎成，陈文科，张俊飚．工商资本投资农业的经典溯源及其实践［J］．社会科学动态，2018（9）：5－18.

［8］华中理工大学经济发展研究中心课题组．加快大型工商企业进入农业的步伐促进农业产业化［J］．社会科学动态，1997（10）：13－16.

［9］杜鹰，关锐捷．关于积极引导大型工商企业进入农业领域的战略构想［J］．经济研究参考，1996（1）：2－16.

［10］陈靖，刘洁．小农户本位的现代农业发展及其支持机制探索——基于农业治理的研究视角［J］．南京农业大学学报（社会科学版），2020（1）：51－61.

［11］汪杰贵. 突破农民自组织发展的绩效困境——基于乡村社会资本现代转型的视角［J］. 内蒙古社会科学，2017（7）：167-171.

［12］赵祥云，赵晓峰. 资本下乡与"三农"发展的关系辨析［J］. 中共福建省委党校学报，2016（1）：69-76.

［13］曹俊杰. 资本下乡的双重效应及对负面影响的矫正路径［J］. 中州学刊，2018（4）：38-43.

［14］贾晋，艾进，王钰. 工商业资本进入农业的路径选择：一个分析框架［J］. 经济问题探索，2009（12）：164-168.

［15］刘铮，王春雨. 中国集体土地收益共享困境破解［J］. 黑龙江社会科学，2017（6）：12-16.

［16］李云新，王晓璇. 资本下乡中利益冲突的类型及发生机理研究［J］. 中州学刊，2016（10）：43-48.

［17］刘相汝，李容. 土地细碎背景下连片种植对农户获取地块规模经济的影响——以农机作业服务费为例［J］. 中国农机化学报，2020（3）：185-191.

［18］焦长权，周飞舟. "资本下乡"与村庄的再造［J］. 中国社会科学，2016（1）：100-116+205.

［19］穆娜娜，孔祥智. 工商资本下乡种粮的增收机制——基于案例的实证分析［J］. 农业现代化研究，2017（1）：23-30.

［20］涂圣伟. 工商资本下乡的适宜领域及其困境摆脱［J］. 改革，2014（9）：73-82.

［21］长子中. 资本下乡需防止"公司替代农户"［J］. 红旗文稿，2012（4）：29-31.

［22］李云新，王晓璇. 农民专业合作社行为扭曲现象及其解释［J］. 农业经济问题，2017（4）：14-22+110.

［23］杨鹏程，周应恒. 工商资本投资农业的经济分析［J］. 广西社会科学，2016（8）：62-66.

［24］张红宇. 如何发挥工商资本引领现代农业的示范作用——关于联想佳沃带动猕猴桃产业化经营的调研与思考［J］. 农业经济问题，2014（11）：4-9.

［25］杜园园，苏柱华，李伟锋．主体化：工商资本下乡后的村庄应对机制——基于广东省珠海市 X 村和 S 村的调查研究［J］．云南行政学院学报，2019（6）：22 - 27．

　　［26］陈晓燕，董江爱．资本下乡中农民权益保障机制研究——基于一个典型案例的调查与思考［J］．农业经济问题，2019（5）：65 - 72．

　　［27］冯小．农民专业合作社制度异化的乡土逻辑——以"合作社包装下乡资本"为例［J］．中国农村观察，2014（2）：2 - 8 + 17 + 92．

　　［28］赵俊臣．土地流转：工商资本下乡需规范［J］．红旗文稿，2011（4）：14 - 16．

　　［29］张尊帅．工商资本投资农业的风险及其防范［J］．现代经济探讨，2013（8）：33 - 37．

　　［30］黄彩英，苏亚然．工商资本助推农业产业化建设的理性思考［J］．农业经济，2013（7）：20 - 21．

　　［31］宋雅杰．河南省工商资本投入农业领域问题研究［J］．商业时代，2014（8）：138 - 141．

　　［32］梁瑞华．涉农工商企业现状改善与新型农业发展——以河南省为例［J］．人民论坛，2015（9）：68 - 70．

　　［33］蒋永穆，鲜荣生，张尊帅．工商资本投资农业的现状、问题及对策建议——一个基于四川省省际调研的样本分析［J］．农村经济，2015（4）：79 - 83．

　　［34］约翰·N·德勒巴克，约翰·V·C·奈．新制度经济学前沿［M］．张宇燕，等译．北京：经济科学出版社，2003．

　　［35］邹坦永．农业产业化经营组织模式评析与优化设计［J］．商业时代，2014（1）：119 - 120．

　　［36］王火根．"工商企业 + 农户"博弈模型研究［J］．商业研究，2011（9）：180 - 186．

　　［37］苏昕，刘昊龙．农户与企业合作下的农产品质量安全演化博弈仿真研究［J］．农业技术经济，2015（11）：112 - 122．

　　［38］周业付．基于进化博弈模型的"工商企业 + 农户"订单履约机制研究［J］．统计与决策，2016（11）：47 - 50．

［39］聂辉华．最优农业契约与中国农业产业化模式［J］．经济学，2012（10）：313-330.

［40］米中威．资本下乡：互动与博弈——以重庆市潼南县Z村为例［D］．武汉：华中师范大学，2012.

［41］魏际玲．基于Shapley值法的"企业+农户"经济主体的利益分配研究［J］．商，2013（9）：242.

［42］蒋军利，唐晓嘉．农民合作经营组织中的管理制度的演化博弈分析［J］．西南大学学报（自然科学版），2014（11）：151-156.

［43］易慧珺．基于公平偏好的农产品供应链"公司+合作社+农户"模式的博弈分析研究［D］．重庆：重庆交通大学，2016.

［44］孙加奎．可追溯规制下农户、合作社与工商企业的博弈分析［D］．无锡：江南大学，2016.

［45］李云新，黄科．资本下乡过程中农户福利变化测度研究——基于阿玛蒂亚·森的可行能力分析框架［J］．当代经济管理，2017（11）：40-47.

［46］曾博．基于组织形态发展的工商资本下乡合作模式研究——兼论农户主体权益保障［J］．学习与探索，2018（3）：133-137.

［47］黄祖辉，张静，Kevin Chen．交易费用与农户契约选择——来自浙冀两省15县30个村梨农调查的经验证据［J］．管理世界，2008（9）：76-81.

［48］白丽，张润清，赵邦宏．农户参与不同产业化组织模式的行为决策分析——以河北省食用菌种植户为例［J］．农业技术经济，2015（12）：42-51.

［49］李霖，郭红东．产业组织模式对农户种植收入的影响——基于河北省、浙江省蔬菜种植户的实证分析［J］．中国农村经济，2017（9）：62-79.

［50］应瑞瑶，王瑜．交易成本对养猪户垂直协作方式选择的影响——基于江苏省542户农户的调查数据［J］．中国农村观察，2009（2）：46-56.

［51］张明华，温晋锋，刘增金．行业自律、社会监管与纵向协作——基于社会共治视角的食品安全行为研究［J］．产业经济研究，2017（1）：89-99.

［52］王瑜，应瑞瑶．垂直协作与农产品质量控制：一个交易成本的分析框架［J］．经济问题探索，2008（4）：128-131.

［53］刘颖姬．垂直协作与奶农质量控制行为研究［D］．南京：南京

农业大学, 2009.

[54] 戴迎春. 新型猪肉供应链垂直协作关系初步研究 [J]. 南京农业大学学报, 2006 (3): 122 – 126.

[55] 刘庆博. 纵向协作与宁夏枸杞种植户质量控制行为研究 [D]. 北京: 北京林业大学, 2013.

[56] 谢识予. 有限理性条件下的进化博弈理论 [J]. 上海财经大学学报, 2001 (5): 3 – 9.

[57] 张良桥, 郭立国. 论模仿者动态理论 [J]. 中山大学学报 (自然科学版), 2003 (5): 97 – 99.

[58] 郭其友, 李宝良. 冲突与合作: 博弈理论的扩展与应用 [J]. 外国经济与管理, 2005 (11): 1 – 11.

[59] 黄凯南. 演化博弈与演化经济学 [J]. 经济研究, 2009 (2): 132 – 145.

[60] 王孝莹, 张可成, 胡继连. 农户生产合作博弈模型 [J]. 运筹与管理, 2006 (6): 114 – 118.

[61] 金梅. 基于合作博弈的订单农业合作组织发展研究 [J]. 经济问题, 2010 (5): 65 – 67.

[62] 张国权, 彭竞, 李春好. 基于演化博弈理论的 "农超对接" 模式研究 [J]. 财经问题研究, 2013 (8): 113 – 118.

[63] 霍远, 王付海. 个体小规模经营模式下农业发展的博弈论探讨——个体理性到集体理性 [J]. 江苏农业科学, 2017 (19): 1 – 4.

[64] 刘楠. 农业中间组织的联盟博弈分析 [J]. 商业经济, 2017 (2): 25 – 28.

[65] 姜凯帆. 工商资本下乡引发的困境探析及治理路径选择——以河南省登封市 T 镇若干村庄为例 [D]. 南京: 南京农业大学, 2017.

[66] 张良. "资本下乡" 背景下的乡村治理公共性构建 [J]. 中国农村观察, 2016 (3): 16 – 26 + 94.

[67] 李家祥. 工商资本下乡经营农业: 机遇与挑战 [J]. 求实, 2016 (7): 89 – 96.

[68] 曾博. 乡村振兴视域下工商资本投资农业合作机制研究 [J]. 东

岳论丛，2018（6）：149 – 156.

［69］Mighell R. , Jones L. A. Vertical Coordination in Agriculture ［R］. USDA Economic Research Service，1963：74 – 125.

［70］周曙东，戴迎春.供应链框架下生猪养殖户垂直协作形式选择分析［J］.中国农村经济，2005（6）：30 – 36.

［71］王纪元.我国细羊毛不同养殖主体质量控制技术采用行为及协作模式研究［D］.北京：中国农业大学，2018.

［72］王图展.农民合作社与关联组织纵向协作的影响因素［J］.华南农业大学学报（社会科学版），2017（1）：54 – 65.

［73］Grossman S. J. , Hart O. D. The Cost and Benefits of Ownership：A Theory of Vertical and Lateral Integration ［J］.Journal of Political Economy，1986，94（4）：691 – 719.

［74］阿维纳什·迪克西特，苏珊·斯克丝，戴维·赖利.策略博弈［M］.蒲勇健，姚东旻，等译.北京：中国人民大学出版社，2017.

［75］张维迎.博弈论与信息经济学［M］.上海：上海人民出版社，2004.

［76］Maynard – Smith J. , Price G. R. The Logic of Animal Conflict［J］.Nature，1973（246）：15 – 18.

［77］Taylor P. , Jonker L. Evolutionary Stable Strategies and Game Dynamics ［J］.Mathematical Biosciences，1978（40）：145 – 156.

［78］Foster D. , Young P. H. Stochastic Evolutionary Game Dynamics ［J］.Theoretical Population Biology，1990（38）：219 – 232.

［79］Weibull J. W. Evolutionary Game Theory ［M］.Cambridge：The MIT Press，1995.

［80］Weibull J. W. What Have We Learned from Evolutionary Game Theory so Far? ［R］.Working Papers from Industrial Institute for Economic and Social Research，2002：115.

［81］Kaniovski Y. M. , Young H. P. Learning Dynamics in Games with Stochastic Perturbations ［J］.Games and Economic Behavior，1995（11）：330 – 363.

［82］Fudenberg D. , Levine D. K. The Theory of Learning in Games ［M］.

Cambridge：The MIT Press，1998.

［83］Friedman D. Evolutionary Games in Economics ［J］. Econometrica，1991，59（3）：637 – 666.

［84］Friedman D. Evolutionary Economics Goes Mainstream：A Review of the Theory of Learning in Games ［J］. Journal of Evolutionary Economics，1999（8）：423 – 432.

［85］Nowak M. A. Evolutionary Dynamics：Exploring the Equations of Life ［M］. Harvard：Harvard University Press，2006.

［86］Lee W. Evolutionary Stabilities in Games with Continuous Strategy Spaces：Characterizations with Example ［R］. Working Papers on the Department of Economics University of Massachusetts，Amherst，2007：382 – 403.

［87］袁庆明. 新制度经济学 ［M］. 上海：复旦大学出版社，2019.

［88］Coase R. H. The Nature of the Firm ［J］. Economica，1937，4（16）：386 – 405.

［89］Coase R. H. The Problem of Social Cost ［J］. Journal of Law and Economics，1960，3（10）：1 – 44.

［90］Arrow K. J. The Organization of Economic Activity：Issues Pertinent to the Choice of Market Versus Non – market Allocation ［J］. Government Printing Office，1969（1）：59 – 73.

［91］Williamson O. E. The Economic Institutions of Capitalism ［M］. New York：The Free Press，1985.

［92］Eggertsson T. The Role of Transaction Cost and Property Rights in Economic Analysis ［J］. European Economic Review，1990，34（2）：450 – 457.

［93］张五常. 交易费用的范式 ［J］. 社会科学战线，1999（1）：1 – 9.

［94］Williamson O. E. The Economics of Governance ［J］. American Economic Review，2005，95（2）：1 – 18.

［95］道格拉斯·C. 诺斯. 交易成本、制度和经济史 ［J］. 杜润平，译. 经济译文，1994（2）：23 – 28.

［96］奥利弗·E. 威廉姆森. 资本主义经济制度 ［M］. 段毅才，王伟，译. 北京：商务印书馆，2002.

［97］吴强．农民专业合作社内部治理结构问题及对策——基于双重委托—代理模型［J］．农村经济与科技，2017（19）：48．

［98］李志方，陈通．农业标准化推广的合作社核心成员激励机制研究——基于双重多任务委托代理模型的分析［J］．经济经纬，2015（1）：37－42．

［99］道日娜．奶站治理与奶源供应链系统改进——基于双重委托代理理论的分析［J］．农业经济与管理，2011（4）：87－95．

［100］Holmstrom B．，Milgrom P. Aggregation and Linearity in the Provision of Intertemporal Incentives［J］．Econometrica，1987，55（2）：303－328．

［101］余国新．新疆果农在水果产业链中的纵向协作选择研究——以香梨、苹果产业为例［D］．南京：南京农业大学，2009：22．

［102］姜春云．中国农业实践概论［M］．北京：人民出版社，中国农业出版社，2000．

［103］杜志雄，肖卫东．农业规模化经营：现状、问题和政策选择［J］．江淮论坛，2019（7）：11－19＋28．

［104］"建设社会主义新农村目标、重点与政策研究"课题组，温铁军．部门和资本"下乡"与农民专业合作经济组织的发展［J］．经济理论与经济管理，2009（7）：5－12．

［105］任晓娜，孟庆国．工商资本进入农村土地市场的机制和问题研究——安徽省大岗村土地流转模式的调查［J］．河南大学学报（社会科学版），2015（5）：53－60．

［106］曾博，李江．农业供给侧结构性改革中的生产要素配置研究［J］．内蒙古社会科学，2017（11）：134－138．

［107］李菁，颜丹丽．集体成员权和土地承包收益权的冲突与协调：稳定地权与不稳定地权的对比——以西水村第八村民小组两次征地补偿款分配为例［J］．中国农村观察，2011（2）：26－35．

［108］周敏，雷国平，李菁．资本下乡、产权演化与农地流转冲突［J］．中国土地科学，2015（8）：53－60．

［109］曾博，李江．农村土地流转市场的现实考量与制度构建［J］．江西社会科学，2017（12）：81－87．

［110］苑鹏．"公司＋合作社＋农户"下的四种农业产业化经营模式探析——从农户福利改善的视角［J］．中国农村经济，2013（4）：71－78．

［111］姜长云．新时代创新完善农户利益联结机制研究［J］．社会科学战线，2019（7）：44－53．

［112］徐旭初，吴彬．合作社是小农户和现代农业发展有机衔接的理想载体吗？［J］．中国农村经济，2018（6）：80－95．

［113］徐旭初，金建东，嵇楚洁．组织化小农与小农组织化［J］．学习与探索，2019（12）：88－97．

［114］徐家鹏．农业产业链纵向协作模式：特征、选择与治理优化［J］．江苏农业科学，2019（6）：305－310．

［115］王图展．农民合作社与关联组织纵向协作的影响因素［J］．华南农业大学学报（社会科学版），2017（1）：54－65．

［116］田先红，陈玲．"阶层地权"：农村地权配置的一个分析框架［J］．管理世界，2013（9）：69－88．

［117］Pranab Bardhan，Dilip Mookherjee. Capture and Governance at Local and National Levels［J］. The American Economic Review，2000，90（2）：135－139．

［118］李世杰，刘琼，高健．关系嵌入、利益联盟与"公司＋农户"的组织制度变迁——基于海源公司的案例分析［J］．中国农村经济，2018（2）：33－48．

［119］涂圣伟．工商资本参与乡村振兴的利益联结机制建设研究［J］．经济纵横，2019（3）：23－30．

［120］陈义媛．小农户与现代农业有机衔接的实践探索——黑龙江国有农场土地经营经验的启示［J］．北京社会科学，2019（9）：4－13．

［121］卢敏，邓衡山，李杰．相关利益方视角的农民组织认知分析——基于吉林省黄松甸食药用菌协会的案例［J］．中国农村经济，2011（4）：65－73＋86．

［122］杨雪锋．资本下乡：为农增利还是与农争利？——基于浙江嵊州S村调查［J］．公共行政评论，2017（2）：67－84＋194．

［123］周振，孔祥智．盈余分配方式对农民专业合作社经营绩效的影

响——以黑龙江省克山县仁发农机合作社为例［J］．中国农村观察，2015（5）：19 -31.

［124］颜华，冯婷．农民专业合作社普通成员的利益实现及保障机制研究——基于黑龙江省 25 家种植业合作社的调查［J］．农业经济问题，2015（2）：34 -40.

［125］Friedman D. On Economic Applications of Evolutionary Game Theory［J］. Journal of Evolutionary Economics，1998，8（1）：15 -43.

［126］梁守砚．农产品交易关系治理机制［D］．大连：东北财经大学，2011.

［127］刘洁，祁春节．"公司 + 农户"契约选择的影响因素研究：一个交易成本分析框架［J］．经济经纬，2009（4）：106 -109.

［128］聂辉华．最优农业契约与中国农业产业化模式［J］．经济学，2013（1）：313 -330.

［129］Klein B.，Crawford R. G.，Alchian A. Vertical Integration，Appropriable Rents and the Competitive Contracting Process［J］. Journal of Law and Economics，1978，21（2）：297 -326.

［130］Bull C. The Existence of Self - enforcing Implicit Contracts［J］. The Quarterly Journal of Economics，1987，102（1）：147 -160.

［131］Klein B.，Leffler K. B. The Role of Market Forces in Assuring Contractual Performance［J］. Journal of Political Economy，1981，89（4）：615 -641.

［132］Kreps D. Corporate Culture and Economic Theory［M］. Cambridge：Cambridge University Press，1990.

［133］Hart O. Norms and the Theory of the Firm［R］. National Bureau of Economic Research，2001：157.

［134］赵西亮，吴栋．农业产业化经营中商品契约稳定性研究［J］．当代经济研究，2005（2）：70 -72.

［135］胡平波．网络视角下农民专业合作社的形成与发展［M］．北京：中国时代经济出版社，2015.

［136］李霖．蔬菜产业组织模式选择及其对农户收入和效率的影响研究［D］．杭州：浙江大学，2018.

［137］钟真，张琛，张阳悦．纵向协作程度对合作社收益及分配机制影响——基于 4 个案例的实证分析［J］．中国农村经济，2017（6）：16 - 29.

［138］戚振宇．中国农业产业化组织模式优化研究——基于比较制度分析视角［D］．长春：吉林大学，2019.

［139］迈克尔·波特．竞争优势［M］．北京：华夏出版社，1997.

［140］桂寿平，张霞．农业产业链和 U 型价值链协同管理探讨［J］．改革与战略，2006（10）：78 - 80.

［141］姜云长．新时代创新完善农户利益联结机制研究［J］．社会科学战线，2019（7）：44 - 53.

［142］Maskin E. , Tirole J. Unforeseen Contingencies and Incomplete Contracts［J］. Review of Economics Studies, 1999, 66（1）: 83 - 114.

［143］刘同山，孔祥智．加入合作社能够提升家庭农场绩效吗？——基于全国 1505 个种植业家庭农场的计量分析［J］．学习与探索，2018（12）：98 - 106.

［144］Baron R. M. , Kenny D. A. The Moderator - mediator Variable Distinction in Social Psychological Research［J］. Journal of Personality and Social Psychology, 1986, 51（6）: 1173 - 1182.

［145］万俊毅，欧晓明．产业链整合、专用性投资与合作剩余分配：来自温氏模式的例证［J］．中国农村经济，2010（5）：28 - 42.

［146］米运生，罗必良．契约资本非对称性、交易形式反串与价值链的收益分配：以"公司 + 农户"的温氏模式为例［J］．中国农村经济，2009（8）：12 - 23.

［147］彭溪．正大集团投资中国 40 年之路［J］．中国粮食经济，2018（12）：54 - 56.

［148］任翔，张蕊．正大集团打造"1 + 5"产业扶贫新模式［J］．WTO 经济导刊，2018（1）：45 - 47.

［149］黄志宏．"鸿源米业"：值得推广的"公司 + 协会 + 基地 + 农户"模式［J］．中国农村经济，2006（6）：24 - 31.

［150］张建雷，席莹．关系嵌入与合约治理——理解小农户与新型农业经营主体关系的一个视角［J］．南京农业大学（社会科学版），2019

（2）：1 - 9.

［151］王志刚，于滨铜. 农业产业化联合体概念内涵、组织边界与增效机制：安徽案例举证［J］. 中国农村经济，2019（2）：60 - 80.

［152］高帆. 激励相容与农业供给侧结构性改革的实施逻辑［J］. 天津社会科学，2017（4）：99 - 107.

［153］宋建华. 农业产业化组织创新与经营机制分析［J］. 新疆社会科学，2003（5）：55 - 60.

［154］宋瑛. 农户参与农业产业化经营组织：影响因素及绩效评价［D］. 重庆：西南大学博士学位论文，2014.

［155］Kreps D. , Wilson R. Reputation and Imperfect Information［J］. Journal of Economic Theory，1982，27（2）：245 - 252.

［156］Salomon A. , Forges F. Bayesian Repeated Games and Reputation［J］. Journal of Economic Theory，2015（159）：70 - 104.

［157］罗明忠，邱海兰. 声誉机制、利益联结与合作治理——源于江西 LN 公司的思考［J］. 江苏大学学报（社会科学版），2020（2）：24 - 38.

［158］周振，涂圣伟，张义博. 工商资本参与乡村振兴的趋势、障碍与对策——基于8省14县的调研［J］. 宏观经济管理，2019（3）：58 - 65.

［159］赵昶，董翀. 民主增进与社会信任提升：对农民合作社"意外性"作用的实证分析［J］. 中国农村观察，2019（6）：45 - 58.

［160］徐章星，张兵，尹鸿飞，王善高. 工商资本下乡促进了农地流转吗？——来自 CLDS 的经验证据［J］. 农业现代化研究，2020（1）：144 - 153.

［161］龙开胜，石晓平. 土地出让配置效率与收益分配公平的理论逻辑及改革路径［J］. 南京农业大学学报（社会科学版），2018（5）：79 - 87.

［162］浦徐进，范旺达，路璐. 公平偏好、强互惠倾向和农民合作社生产规范的演化分析［J］. 中国农业大学学报（社会科学版），2014（1）：51 - 62.

后　记

伴随着今日的落笔，我的学生时代画上了圆满的句号，博士五年间，冷暖自知，求学之路的意义就在于，当自己在知识的边界时仍然需要保持内心平和。这既是一个阶段的结束，也是新征程的开启，脚踏实地，继续前行，千言万语，唯有感恩。

衷心感谢我的博士生导师李江教授在博士五年间对我的悉心指导，言传身教。李老师敏锐的洞察力、渊博的知识、严谨的治学态度、精益求精的工作作风不仅在学术上引领我前行，更是我工作中、生活中的良师益友。学生向您深深鞠躬，李老师，您辛苦啦！

衷心感谢徐旭初老师在我博士论文写作彷徨时给予的支持与指导，让我获益良多，感谢您！

衷心感谢各位评审老师和答辩老师的辛勤指导、批评指正。

衷心感谢张磊和房宏琳主编对我的关心和呵护，使我能够兼顾家庭、工作和学习，你们对我来说既是老师，亦是亲密无间的益友，感谢！

衷心感谢各位和蔼可亲的老师和朋友们，赵春江老师、周正老师、杨思莹老师、戚振宇老师以及毛瑞男师妹在我论文写作过程中给予的鼓励和帮助，感谢你们！愿你们工作顺利！前程似锦！

衷心感谢我的父母、公婆和老公，父母生我、养我、培养我，年岁大了还一直帮我带孩子，让我有时间完成学业，你们无私的爱，给了我最大的支持。还要感谢我的老公，一起奋斗的 20 年里，每每我彷徨的时候，你的陪伴、鼓励与幽默，总是能让我开怀一笑，忘却烦恼，拥有不断前行的勇气和突破自我的动力。但愿人长久，与你共偕老！

曾　博

2020 年 9 月 7 日于家中